DINOSAUR

恐竜最強バトル大百科
KYORYU SAIKYO BATTLE DAIHYAKKA supervised by Ren Hirayama
Copyright ©2014 Ren Hirayama
All rights reserved.
Original Japanese edition published by KANZEN Inc.
This Korean edition is published by arrangement with KANZEN Inc., Tokyo
in care of Tuttle-Mori Agency, Inc., Tokyo through Enters Korea Co., Ltd., Seoul.

이 책의 한국어판 저작권은 (주)엔터스코리아를 통해 저작권자와 독점 계약한 (주)글송이에 있습니다.
저작권법에 의하여 한국 내에서 보호를 받는 저작물이므로 무단전재와 무단복제를 금합니다.

2025년 1월 20일 초판 6쇄 펴냄

감수 · 히라야마 렌
옮김 · 김소영

펴낸이 · 이성호
펴낸곳 · (주)글송이

편집 / 디자인 · 임주용, 한수정, 오영인
마케팅 · 이성갑, 윤정명, 이현정, 문현곤, 이동준
경영지원 · 최진수, 이인석, 진승현

출판 등록 · 2012년 8월 8일 제 2012-000169호
주소 · 서울시 서초구 능안말 1길 1(내곡동)
전화 · 578-1560~1 **팩스** · 578-1562
이메일 · gsibook01@naver.com

ISBN 979-11-7018-418-8   74490
        979-11-7018-415-7   (세트)

* 이 도서의 국립중앙도서관 출판시도서목록(CIP)은 서지정보유통지원시스템 홈페이지(http://seoji.nl.go.kr)와
국가자료공동목록시스템(http://www.nl.go.kr/kolisnet)에서 이용하실 수 있습니다.(CIP 제어번호 : CIP2018024833)

공룡 대백과

최신 공룡 NEWS · 8

공룡 기본 지식
공룡은 어떤 동물일까? · 14
공룡의 종류! · 16
공룡은 언제 살았을까? · 17
육식 공룡의 특징! · 18
초식 공룡의 특징! · 20
트라이아스기 세계 · 22
쥐라기 세계 · 24
백악기 세계 · 26
공룡의 멸종! · 28

최강 공룡 배틀
이 책의 본문 구성 · 30
이 책의 배틀 장면 구성 · 32

차례

1장 트라이아스기 · 33

코엘로피시스 vs 플라테오사우루스 · 44
트라이아스기 최강 공룡왕 랭킹 · 46

2장 쥐라기 · 47

알로사우루스 vs 스테고사우루스 · 78

케라토사우루스 vs 아파토사우루스 · 80
브라키오사우루스 vs 디플로도쿠스 · 82
쥐라기 최강 공룡왕 랭킹 · 84

◆ **3장 백악기(전기) · 85**

카르노타우루스 vs 사우로펠타 · 112
데이노니쿠스 vs 이구아노돈 · 114
백악기(전기) 최강 공룡왕 랭킹 · 116

◆ **4장 백악기(후기) · 117**

티라노사우루스 vs 트리케라톱스 · 164
카르카로돈토사우루스 vs 스피노사우루스 · 166
벨로키랍토르 vs 프로토케라톱스 · 168
엘라스모사우루스 vs 모사사우루스 · 170
백악기(후기) 최강 공룡왕 랭킹 · 172

공룡 지식 파일

공룡 화석 발견 지도 · 174
공룡 용어 사전 · 180
공룡 색인 · 182

최신 공룡 NEWS

백악기 전기의 공룡왕 시아츠 미커로럼

미국 유타주에서 발견되었으며 약 9700만 년 전에 살았다는 육식 공룡이다. 화석은 새끼의 것으로 보이지만, 추정되는 크기는 약 9m나 된다. 머리뼈의 형태나 발가락이 3개 달린 앞다리 등의 특징 때문에 알로사우루스와 가까운 계통으로 추측된다.

육식 공룡의 골격을 지닌 초식 공룡
지엔찬고사우루스

중국에서 발견되었으며 몸길이가 2m 정도 되는 공룡이다. 몸의 구조를 보면 티라노사우루스 같은 육식 공룡처럼 수각류로 추정되지만, 이빨이나 턱은 초식 공룡처럼 풀을 먹는 데 적합한 신기한 특징이 있다.

오랫동안 베일에 싸여 있던 공룡
데이노케이루스 미리피쿠스

1965년 몽골에서 앞다리 화석이 발견되었는데, 다른 부위가 발견되지 않아서 전체 모습을 알 수 없었던 공룡이다. 2013년에 몸통 화석이 발견되어 그제야 형태가 명확해졌다. 연구 결과 이 공룡은 약 7000만 년 전에 살았던 테리지노사우루스와 가까운 계통으로 몸길이가 11m 정도 되는 큰 공룡이었다고 한다.

**커다란 코와 휘어진 뿔을 지닌 각룡!
나수토케라톱스 티투시**

미국 유타주에서 발견된 각룡으로, 살았던 시대는 약 7500만 년 전이다. 어마어마하게 큰 코와 물소처럼 휘어진 뿔을 가졌다. 이 뿔을 사용해서 같은 종류의 공룡들과 힘겨루기를 하거나 육식 공룡과 싸움을 벌였을 것이라고 추측된다.

최신 공룡 NEWS

**아시아에도 있었던 대형 각룡!
시노케라톱스**

중국 산둥성에서 발견된 각룡으로 백악기 후기에 살았다고 추측된다. 트리케라톱스를 대표로 들 수 있는 대형 각룡은 북아메리카에만 살았다고 하지만, 이 공룡을 발견함으로써 아시아에서도 서식했다는 사실이 밝혀졌다.

세계에서 가장 오래된 공룡!
니아사사우루스 패링토니

아프리카 탄자니아에서 1930년대에 발견된 화석을 다시 조사한 결과, 약 2억 4000만 년 전에 살았던 동물이라는 사실이 밝혀졌다. 몸길이는 2~3m 정도로 몸에는 공룡에 가까운 특징이 있지만 공룡인지 아니면 다른 동물인지 아직 확실하지 않다.

깃털이 복슬복슬 난 육식 공룡!
유티라누스 후알리

중국 랴오닝성에서 발견된 티라노사우루스와 비슷한 계통의 육식 공룡이다. 약 1억 2500만 년 전 백악기 전기에 살았다고 추측된다. 몸길이는 약 9m 정도로 온몸에 깃털이 났던 흔적이 발견되었다. 이러한 깃털의 흔적은 소형 공룡에서 자주 발견되었는데, 대형 공룡에서는 처음으로 발견되어 주목을 받고 있다.

최신 공룡 NEWS

뇌룡만큼 큰 몸집을 자랑하는 조룡!
후아시오사우루스

중국 산둥성에서 발견된 조룡이다. 두 발로 걷기도 하고 네 발로 걷기도 했다고 추측되며, 일어섰을 때의 높이가 약 11m나 된다. 몸길이가 무려 19m나 되어 지금까지 발견된 조룡 가운데 최대급 크기이다. 최근에 화석이 발견되어 자세한 연구는 아직 진행 중이다.

등에 혹이 달린 낙타 공룡
콘카베나토르 코르코바투스

스페인에서 발견된 몸길이 6m 정도의 공룡이다. 약 1억 3000만 년 전인 백악기 전기에 살았으며 약간 더 후세에 등장하는 대형 육식 공룡 카르카로돈토사우루스와 가까운 계통으로 추측된다. 등에 커다란 혹이 달렸는데, 이 혹이 어떤 역할을 했는지는 알려지지 않았다.

이 공룡이 바로 새의 조상?
에오시노프테릭스

몸길이가 약 30cm 정도밖에 되지 않는 아주 작은 공룡이다. 중국 동북부에서 발견되었으며, 약 1억 6000만 년 전 쥐라기 후기에 살았던 것으로 추측된다. 새처럼 온몸에 깃털이 달려 있던 흔적이 발견되었지만, 날개가 발달되지 않아서 하늘을 날지는 못했다고 추측된다.

공룡은 어떤 동물일까?

공룡 기본 지식

공룡이 파충류에서 진화되었다고?

공룡은 도마뱀이나 뱀, 거북, 악어 등과 같은 파충류에서 진화한 동물로 추측된다. 또한 공룡 중에서도 특히 육식 공룡의 몸과 뼈의 모양은 지금 시대의 조류와 매우 흡사한 특징이 있다. 이러한 사실로 미루어 보아 공룡이 진화하여 새가 되었다고 추측하게 된 것이다.

공룡은 어떤 동물일까?

파충류의 계통도

파충류 → 뱀, 도마뱀, 옛 도마뱀류
→ 거북류
→ 악어류
→ 공룡

공룡이 진화해서 새가 되었다고 해.

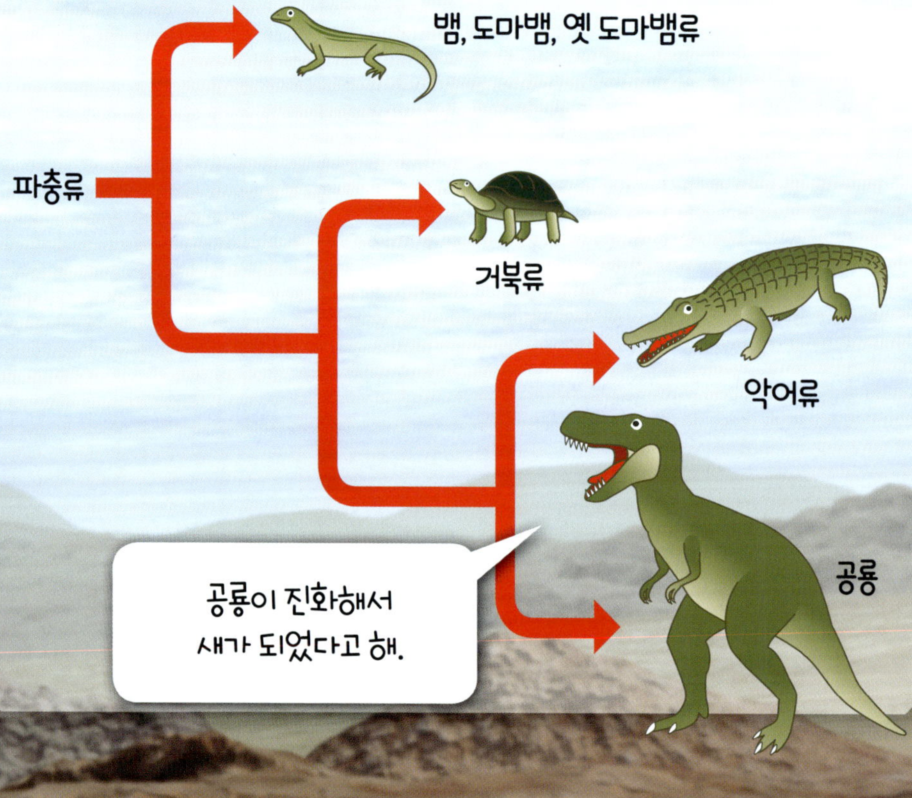

공룡은 다리를 곧게 세워 걷는다

공룡과 파충류는 계통이 가까워 비슷한 점이 무척 많지만, 다리 구조만은 완전히 다르다. 파충류의 다리는 몸통 옆으로 뻗어 있는 반면, 공룡의 다리는 몸통 아래로 곧게 달려 있어 몸을 단단하게 지탱할 수 있다.

공룡과 파충류의 다리는 어떻게 다를까?

공룡
두 다리로 걷는다

공룡의 다리는 몸에서 땅으로 곧게 뻗어 있다. 그래서 뒷다리만 사용하여 서서 걸을 수 있는 공룡도 아주 많았다.

파충류
네 다리로 걷는다

다리가 몸통 옆으로 뻗어 있기 때문에 팔꿈치나 무릎을 굽혀야만 몸통을 지탱할 수 있다. 힘을 빼면 몸이 땅에 납작하게 붙는다.

비슷하지만 공룡이랑 다르다

공룡이 살던 시대는 공룡과 함께 살아가는 다른 동물들이 있었다. 그중에는 새처럼 하늘을 나는 익룡과 고래처럼 바다를 누비는 해양 파충류가 있었는데, 이 동물들은 공룡은 아니지만 공룡과 매우 흡사한 생김새를 가졌다. 그 밖에도 조류, 양서류, 파충류 등이 함께 살았다.

엘라스모사우루스

프테라노돈

공룡의 종류!

공룡 기본 지식

엉덩이뼈로 공룡의 종류를 나눈다

공룡은 엉덩이뼈의 모양에 따라 용반류와 조반류로 나뉜다. 용반류는 도마뱀의 엉덩이뼈와 닮았고 조반류는 새의 엉덩이뼈와 닮았다. 용반류에는 수각류와 용각류가 있으며 조반류에는 장순아목과 조각류, 주식두류가 있다.

공룡의 종류!

공룡의 분류도

- 새로 진화
- 티라노사우루스 — 수각류
- 브라키오사우루스 — 용각류
- → 용반류
- 이구아노돈 — 조각류
- 안킬로사우루스 — 장순아목 { 곡룡류, 검룡류 }
- 트리케라톱스 — 주식두류 { 각룡류, 후두류 }
- 파브로사우루스: 조반류의 원시 공룡
- → 조반류
- → 공룡

16

공룡은 언제 살았을까?

공룡이 살았던 시대를 알아보자

공룡이 살았던 시대는 중생대이다. 중생대는 약 2억 4800만 년 전부터 약 6500만 년 전까지 이어졌으며 트라이아스기, 쥐라기, 백악기로 나뉜다. 각각 시대마다 대륙의 형태나 기후가 변화하면서 다양한 공룡이 생겨났다.

시기	기	세부	설명
약 6500만 년 전 ▶	백악기	후기	티라노사우루스, 트리케라톱스, 벨로키랍토르 등이 살았다. 공룡이 가장 진화한 시대이다.
약 9700만 년 전 ▶		전기	이구아노돈, 바리오닉스, 데이노니쿠스 등이 살았다. 깃털이 달린 화석도 많이 발견되었다.
약 1억 4500만 년 전 ▶	쥐라기	후기	알로사우루스, 스테고사우루스, 디플로도쿠스 등이 살았다.
약 1억 5700만 년 전 ▶		중기	슈노사우루스 등이 살았지만 화석이 많이 발견되지 않았다.
약 1억 7800만 년 전 ▶		전기	딜로포사우루스, 헤테로돈토사우루스 등이 살았다.
약 2억 1000만 년 전 ▶	트라이아스기	후기	에오랍토르, 플라테오사우루스, 코엘로피시스 등이 살았다.
약 2억 3500만 년 전 ▶		중기	가장 오래된 공룡 계통의 화석이 발견된 시대이다.
약 2억 4100만 년 전 ▶		전기	파충류 화석은 발견되었지만 공룡은 발견되지 않았다.
약 2억 4800만 년 전 ▶			

육식 공룡의 특징!

공룡 기본 지식

날카로운 엄니
고기를 뜯어먹는 데 편리하도록 엄니가 날카롭고 뾰족하며 자잘하게 우둘투둘하다.

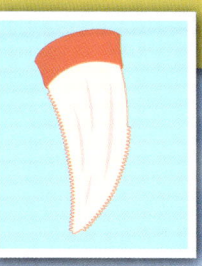

육식 공룡의 특징!

작은 앞다리
뒷다리에 비하면 앞다리는 훨씬 작다. 몸이 크게 진화한 공룡일수록 이 특징이 뚜렷하다.

대형 수각류
스피노사우루스

소형 수각류
데이노니쿠스

깃털이 났을 가능성
육식 공룡의 화석 중에는 깃털의 흔적을 확인할 수 있는 것이 많다. 새처럼 아름다운 빛깔에, 털이 복슬복슬했을지도 모른다.

커다란 갈고리발톱
뒷발에 커다란 갈고리발톱이 자라나 있다. 날카로운 갈고리발톱은 강력한 무기이다.

공룡 기본 지식

육식 공룡의 특징!

육식 공룡이란?
대부분의 육식 공룡은 두 다리로 서서 빠르게 달릴 수 있으며, 무기가 되는 엄니나 갈고리발톱을 지니고 있다. 턱도 튼튼해서 뼈를 부서뜨릴 만큼 무는 힘이 강력하다. 게다가 눈도 크고 잘 보였다고 추측된다. 이러한 몸의 특징은 먹잇감인 다른 동물을 잡기 위해 발달했다.

초식 공룡의 특징!

공룡 기본 지식

식물을 먹기 위해 발달한 입과 이빨
풀을 뜯기에 좋은 기다란 앞니가 빽빽이 난 입 모양, 새의 부리처럼 딱딱하고 뾰족한 입 모양 등 다양한 형태로 진화했다. 어금니는 풀을 꼭꼭 씹어 먹기 위해 넓적한 모양이다.

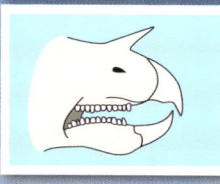

검룡류
스테고사우루스

무거운 몸통을 받치는 다리
초식 공룡은 대부분 거대한 몸집을 가지고 있다. 그래서 거대한 몸을 단단히 지탱하기 위해 네 다리로 걷는다.

초식 공룡의 특징!

20

초식 공룡이란?

몸이 커야 식물을 소화하는 데 유리하기 때문에 커다란 몸으로 진화한 공룡이 많으며, 입이나 이빨도 식물을 먹기 쉬운 구조로 되어 있다. 육식 공룡으로부터 몸을 보호하기 위해 꼬리나 뿔 등의 무기가 발달한 공룡도 많다.

적이나 라이벌을 상대하는 무기

날카로운 엄니나 발톱은 없지만 가시나 뼈 혹이 달린 꼬리, 커다란 뿔, 돌처럼 딱딱한 머리 등의 무기를 가진 공룡들이 있다. 이들 무기는 몸을 보호할 뿐 아니라 다른 공룡과 힘겨루기를 할 때도 사용한다.

공룡 기본 지식

초식 공룡의 특징!

용각류

브라키오사우루스

공룡 시대 탐험
트라이아스기 세계
약 2억 4800만 년 전~약 2억 1000만 년 전

무리를 짓는 플라테오사우루스!

공룡 기본 지식

트라이아스기 세계

플라테오사우루스
트라이아스기에서는 최대급 초식 공룡.

리리엔스터누스
딜로포사우루스와 닮은 원시적인 육식 공룡.

먹잇감을 노리는 리리엔스터누스!

공룡 기본 지식

트라이아스기 세계

트라이아스기에는 기온이 높고 육지에는 메마른 사막과 같은 장소가 많았다. 그래서 대부분의 생물은 물에서 멀리 떨어져 생활하는 것이 불가능했고, 이 때문에 물 주변으로 많은 초식 공룡들이 모였다. 그리고 그 공룡들을 먹잇감으로 삼는 육식 공룡도 따라 접근했다. 이 시대는 다양한 곤충류가 생기면서 공룡 외에 거북이나 악어 등도 늘어났다.

공룡 시대 탐험
쥐라기 세계
약 2억 1000만 년 전~약 1억 4500만 년 전

골판과 골침으로 몸을 지키는 스테고사우루스!

공룡 기본 지식

쥐라기 세계

스테고사우루스
가장 큰 검룡류. 뾰족한 골침이 난 꼬리가 무기이다.

케라토사우루스

뿔이 3개 난 육식 공룡. 커다란 먹잇감도 노린다.

먹잇감의 허점을 살피는 케라토사우루스!

공룡 기본 지식

쥐라기 세계

트라이아스기에는 기후가 건조한 데 비해 쥐라기에는 습기가 많았다. 지상에는 은행나무나 소철나무, 삼나무 등이 늘어나 숲을 이뤘고, 풀을 듬뿍 먹을 수 있게 된 초식 공룡들은 점점 몸집이 커졌다. 그리고 육식 공룡들도 먹잇감인 초식 공룡에 뒤지지 않을 만큼 커졌다. 새의 조상도 이 시대에 나타났다.

공룡 시대 탐험
백악기 세계

약 1억 4500만 년 전~약 6500만 년 전

귀다란 뿔을 세우는 트리케라톱스!

트리케라톱스
기다란 뿔을 3개 가진 가장 큰 각룡.

먹잇감에 덤벼드는 티라노사우루스!

티라노사우루스
거대한 턱과 엄니를 가진 최대급 육식 공룡.

아주 먼 옛날 지구는 대륙이 단 하나밖에 없었지만, 쥐라기 시대 끝 무렵부터 백악기에 걸쳐 분열이 일어났고 지금처럼 몇 개의 대륙으로 나뉘었다. 공룡들은 어느 대륙에 사느냐에 따라 각각 다른 진화의 길을 걸었기 때문에 이 시대에는 크기나 형태가 다른 다양한 공룡이 생겼다. 포유류의 조상이 커다랗게 진화한 것도 이 시기이다.

공룡의 멸종!

공룡 기본 지식

공룡이 지구에서 사라진 이유

중생대에 번창한 공룡들이 지구상에서 모습을 감춘 것은 지금으로부터 6500만 년 전이다. 옛날부터 그 원인을 놓고 여러 가지 추측을 했는데, 최근에는 거대 운석이 지구에 충돌했을 때의 영향으로 지구 환경이 순식간에 변해 공룡들이 적응하지 못하고 멸종했다는 설이 가장 유력하다.

공룡의 멸종!

공룡 시대가 끝나고 새로운 시대가 열렸다

공룡들은 사라졌지만 작은 곤충이나 물고기, 거북이나 도마뱀 등의 파충류, 새와 포유류의 조상 등은 끈질기게 살아남았다. 그리고 그 후에도 오랜 시간을 살면서 진화를 거듭했고, 공룡을 대신하여 지구상의 주인공이 되었다.

매머드

스밀로돈

가장 센 공룡은 누구?

최강 공룡 배틀

공룡 시대는 크게 트라이아스기, 쥐라기, 백악기 전기, 백악기 후기 이렇게 네 시대로 나눌 수 있다. 이 장에서는 공룡의 특징, 크기, 공격과 방어 무기 등 공룡들의 자료를 소개하고, 각 시대를 대표하는 공룡들의 배틀을 예상하여 누가 가장 센 공룡인지 랭킹을 매겨 소개한다.

트라이아스기 ·············· 34~46페이지

쥐라기 ·············· 48~84페이지

백악기(전기) ·············· 86~116페이지

백악기(후기) ·············· 118~172페이지

이 책의 본문 구성

① **시대:** 중생대의 어느 시대에 살았는지 표시한다.

② **이름:** 이름을 한글과 알파벳으로 나타낸다.

③ **이름의 뜻:** 어떻게 이름이 붙여졌는지, 이름에 담긴 뜻을 설명한다.

④ **식성:** 육식 공룡인지 초식 공룡인지 알려 준다.

⑤ **분류:** 어떤 그룹에 포함되는지 나타낸다. 31쪽에 자세히 설명해 놓았다.

⑥ **공룡 일러스트:** 살아 있을 때의 모습을 상상한 그림이다.

⑦ **모습의 특징:** 주로 겉모습의 특징을 나타낸다.

⑧ **특징:** 어떤 공룡인지 가장 큰 특징을 소개한다.

⑨ **크기:** 몸길이와 몸통의 높이를 알려 준다. 키가 170cm인 사람과 크기를 비교할 수 있도록 되어 있다.

⑩ **공격 필살기:** 다른 공룡들과 싸울 때 무엇을 무기로 쓰는지 설명한다.

⑪ **능력치:** 6가지 능력을 10단계로 평가한다.

- **파워:** 힘의 세기를 나타낸다.
- **공격력:** 공격력이 얼마나 높은지 나타낸다. 발톱이나 엄니, 뿔 등의 무기를 지닌 공룡은 평가가 올라간다.
- **민첩성:** 달릴 때 얼마나 빠른지, 움직임이 얼마나 재빠른지 나타낸다.
- **지능:** 머리가 얼마나 좋은지 나타낸다.
- **방어력:** 방어력이 얼마나 높은지 나타낸다.
- **체격:** 몸의 크기나 다부진 정도를 나타낸다.

공룡의 분류

수각류
두 뒷다리로 서서 걷는 것이 특징이다. 고기를 먹었던 공룡이 많아서 이 그룹을 통틀어 육식 공룡이라고 부르기도 한다.

용각류
대부분 거대한 몸집을 가지고 있는 초식 공룡이다. 머리는 작고 목과 꼬리가 아주 길다. 지구에 살았던 동물 중에 가장 큰 동물이다.

장순아목
뼈로 된 골판, 골침, 골편 등으로 몸을 보호하는 공룡이 많다. 검룡류, 곡룡류로 불리는 공룡들이 이 그룹에 속한다.

조각류
특별한 무기가 없는 공룡이 많고 무리를 지어 다녔다고 추측된다. 조룡이라고 부르기도 하지만, 조류와는 관계가 없다.

주식두류
뿔이나 프릴이 있는 등 특이한 머리 형태를 한 공룡이 많다. 각룡류, 후두류로 불리는 공룡들이 이 그룹에 속한다.

기타 생물
공룡 이외의 생물을 모은 그룹이다. 익룡, 해양 파충류 외에 조류, 양서류, 파충류 등을 포함한다.

이 책의 배틀 장면 구성

❶ **배틀 시대:** 배틀을 펼치는 공룡들이 중생대 중 어느 시대에 살았는지 나타낸다.

❷ **배틀 상대:** 배틀을 펼칠 공룡을 소개한다. 배틀은 1 대 1로 이루어지는 것으로 설정한다.

❸ **이름:** 배틀을 펼칠 공룡들의 이름이다.

❹ **공룡 일러스트:** 배틀을 펼치는 공룡들의 모습을 소개한다.

❺ **능력치:** 6가지 능력을 10단계로 평가한다. 30쪽에 자세히 설명해 놓았다.

❼ **배틀 일러스트:** 배틀을 펼치는 모습을 상상한 그림이다.

❻ **배틀 WINNER 예상 결과:** 공룡의 특징을 바탕으로 어떤 배틀을 펼칠지 예상한다.

육식

코엘로피시스

COELOPHYSIS

이름의 뜻 ▶ 속이 비어 있는 뼈

공격 필살기!
몸집은 작지만 성질이 아주 사나운 공룡으로 여럿이 무리 지어 다니며 힘을 합쳐 사냥한다.

분류 ▶ 수각류

능력치
- 파워 3
- 공격력 4
- 민첩성 9
- 지능 5
- 방어력 3
- 체격 4

재빠른 몸놀림으로 적을 습격한다!

제1장

트라이아스기

호리호리한 몸
몸뿐만 아니라 목과 다리, 꼬리도 가늘다.

특징
가늘고 긴 턱에 날카로운 이빨이 빽빽이 나 있다. 작은 동물을 먹잇감으로 삼는다.

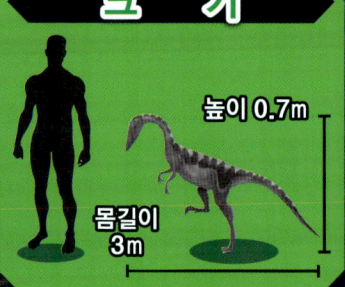

크기
- 높이 0.7m
- 몸길이 3m

34 ※2014년 시점의 연구에서는 깃털이 났을 가능성이 높다.

안테토니트루스

ANTETONITRUS

이름의 뜻 ▶ 천둥이 치기 전

공격 필살기!
트라이아스기의 공룡 중에 몸집이 가장 크다. 튼튼하고 거대한 몸집으로 적을 방어한다.

분류
용각류

능력치
- 파워 6
- 공격력 3
- 민첩성 2
- 지능 4
- 방어력 5
- 체격 6

육중한 몸집으로 적을 제압하라!

제 1 장

트라이아스기

튼튼한 다리
다부진 다리와 네 발로 걸었던 듯하다.

특징
이 공룡의 후손인 아르젠티노사우루스에 비하면 몸집이 매우 작은 편이다.

크기
- 몸길이 8.5m
- 높이 2m

에오랍토르

EORAPTOR

잡식

이름의 뜻 ▶ 새벽의 약탈자

공격 필살기!
몸집이 작고 똑똑한 공룡으로 움직임이 매우 빠르다.

분류
용반류

능력치
- 파워 3
- 공격력 4
- 민첩성 9
- 지능 5
- 방어력 2
- 체격 2

제 1 장

트라이아스기

톱처럼 생긴 이빨로 사냥한다!

발가락이 5개씩
더 진화한 공룡은 발가락이 적은 경우가 많다.

크 기
높이 0.4m
몸길이 1.5m

특 징
원시 공룡의 모습을 띠고 있고 잡식으로 알려져 있다. 뒷다리가 길고 민첩하다.

※ 처음에는 수각류로 분류되었는데, 현재는 수각류와 용각류의 공통 조상으로 보고 있는 추세이다.

36

테코돈토사우루스

THECODONTOSAURUS

이름의 뜻 ▶ 소켓 이빨을 가진 도마뱀

공격 필살기!
엄지발가락에 달린 큰 발톱을 써서 몸을 보호한다.

분류 용각류

능력치
- 파워 3
- 공격력 3
- 민첩성 6
- 지능 5
- 방어력 3
- 체력 3

날카로운 엄지발톱으로 방어하라!

짧은 목과 큰 머리
몸에 비해 목이 짧고 머리와 눈이 매우 크다.

특징
원시 공룡의 모습을 띠고 있으며, 몸집이 작고 목도 짧다.

크기
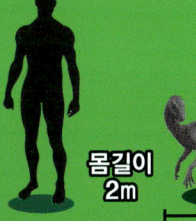
높이 0.4m
몸길이 2m

제 1 장

트라이아스기

37

플라테오사우루스

PLATEOSAURUS

초식

이름의 뜻 ▶ 납작한 도마뱀

⚔️ 공격 필살기!
커다란 몸집이 무기이며 앞발에는 날카로운 엄지발톱이 있다.

분 류 용각류

능력치
- 파워 5
- 공격력 3
- 민첩성 3
- 지능 4
- 방어력 5
- 체격 6

제 1 장

트라이아스기

두 발로 걷는 원시 용각류!

앞발보다 큰 뒷발
뒷다리가 길고 튼튼해 두 발로 걸을 수 있다.

🔍 특 징
집단으로 화석이 발견된 것으로 미루어 보아 큰 무리를 지어 생활한다.

크 기
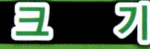

높이 2m
몸길이 8m

초식

실레사우루스

SILESAURUS

이름의 뜻 ▶ 실레지아 도마뱀

공격 필살기!
어떤 공룡이었는지 수수께끼투성이로 어떻게 싸웠을지도 상상만 할 뿐이다.

분류 원시 공룡류

능력치
- 파워 4
- 공격력 3
- 민첩성 6
- 지능 4
- 방어력 4
- 체격 4

새의 부리와 같은 입
초식 공룡으로, 가느다란 턱은 마치 새와 닮았다.

모든 게 밝혀지지 않은 미스터리한 공룡!

제 1 장

트라이아스기

크기

높이 0.4~0.8m
몸길이 2~3m

특징
지금까지 발견된 공룡 가운데 가장 오래된 시대에 살았다.

※2014년 시점의 연구에서는 깃털이 났을 가능성이 높다.

39

육식

쇼니사우루스

SHONISAURUS

이름의 뜻 ▶ 쇼니 산의 도마뱀

공격 필살기!
초대형 몸집 덕분에 바닷속에서는 적이 없다. 3m나 되는 길고 가는 턱이 있다.

분류 해양 파충류

능력치
- 파워 7
- 공격력 6
- 민첩성 6
- 지능 4
- 방어력 7
- 체격 8

제1장 트라이아스기

거침없이 사냥하는 바다의 지배자!

지느러미 같은 발
앞발도 뒷발도 물고기 지느러미 같은 형태로 진화했다.

 특징
물고기 같은 형태를 한 해양 파충류로 지금의 향유고래 정도 되는 크기이다.

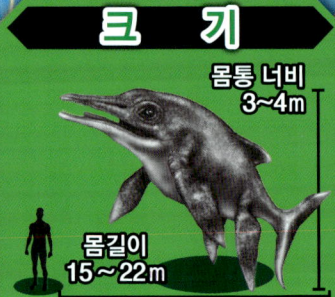

크기
- 몸통 너비 3~4m
- 몸길이 15~22m

프로가노켈리스

초식

PROGANOCHELYS

이름의 뜻 ▶ 최초의 거북

공격 필살기!
움직임은 느리지만 단단한 등딱지와 목, 꼬리에 난 가시로 몸을 지킨다.

분류　거북

능력치
- 파워 3
- 공격력 3
- 민첩성 2
- 지능 2
- 방어력 5
- 체격 3

단단한 등딱지와 가시로 방어하라!

제1장

트라이아스기

목에 난 가시 돌기
목에 뾰족뾰족한 가시 같은 돌기가 있다.

특징
초기 거북의 형태로 초식이었다고 추측된다. 등딱지 가장자리에 골판이 있다.

크기
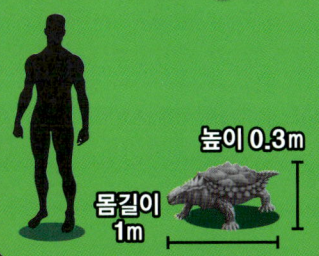
높이 0.3m
몸길이 1m

헤노두스

초식

HENODUS

이름의 뜻 ▶ 하나의 이빨

공격 필살기!
머리나 다리를 등딱지로 집어넣을 수 없지만 등딱지로 몸을 보호한다.

분류 파충류

능력치
- 파워 3
- 공격력 3
- 민첩성 2
- 지능 2
- 방어력 6
- 체격 2

제 1 장

트라이아스기

외계인의 우주선 같은 신기한 파충류!

거북 같은 등딱지
거북의 등딱지와 비교하면 훨씬 편평하고 얇다.

특징
등딱지가 있지만 거북 계통은 아니며 얕은 바다에서 생활한다.

크기
- 높이 0.4m
- 몸길이 2.1m

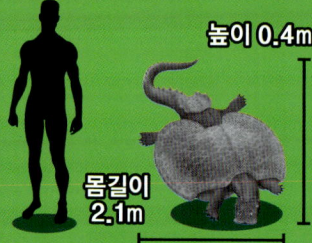

42

게로토락스

GERROTHORAX

육식

이름의 뜻 ▶ 튼튼한 가슴

공격 필살기!
몸이 납작하기 때문에 물밑에 가만히 붙어 있으면 찾기가 어렵다.

분류 ▶ 양서류

몸을 덮는 비늘
물고기나 곤충류처럼 비늘이 있다.

능력치
- 파워 2
- 공격력 3
- 민첩성 3
- 지능 1
- 방어력 3
- 체격 2

몸을 납작 엎드려 사냥하다!

제 1 장

트라이아스기

특징
개구리나 도롱뇽과 닮았지만, 계통이 다른 오래된 양서류이다.

크기
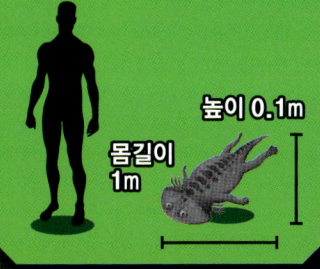
높이 0.1m
몸길이 1m

43

최강 공룡 배틀 트라이아스기 대결

코엘로피시스 VS 플라테오사우루스

트라이아스기를 대표하는 육식 공룡 코엘로피시스와 최대급 초식 공룡 플라테오사우루스가 대결한다. 과연 승자는 누가 될까?

제1장 트라이아스기

날쌘 헌터
코엘로피시스

파워 3
체격 4
공격력 4
방어력 3
민첩성 9
지능 5

최대급 대형 공룡
플라테오사우루스

파워 5
체격 6
공격력 3
방어력 5
민첩성 3
지능 4

배틀 WINNER 예상 결과!

플라테오사우루스의 크기는 코엘로피시스의 2배 이상이다. 진검승부를 펼치면 코엘로피시스가 이길 가능성은 매우 낮다. 하지만 재빠른 몸놀림을 활용해 뒤에서 공격하면 기회가 있을지도 모른다.

가장 센 공룡은?
트라이아스기
최강 공룡왕 랭킹

트라이아스기 공룡 가운데 가장 거대한 몸집을 자랑하는 안테토니트루스는 다른 공룡들이 접근조차 할 수 없을 정도로 막강한 힘을 가졌다. 랭킹 밖에 있지만, 바닷속에서는 쇼니사우루스가 월등히 강할 것이다.

제 1 장

1 안테토니트루스

2 플라테오사우루스

3 코엘로피시스

크리욜로포사우루스

CRYOLOPHOSAURUS

육식

이름의 뜻 ▶ 차가운 볏을 가진 도마뱀

제 2 장

쥐라기

분 류

수각류

커다란 입과 날카로운 엄니
입속에 날카로운 엄니가 죽 늘어서 있다.

부채 모양의 특이한 볏
볏은 아마도 짝짓기를 할 때 상대의 관심을 끌기 위해 사용됐을 것이다.

특 징
남극에서 발견된 공룡이다. 쥐라기 시대의 남극은 지금과는 달리 따뜻했기 때문에 많은 공룡들이 살았다.

크 기

높이 1.7m
몸길이 6m

※ 2014년 시점의 연구에서는 깃털이 났을 가능성이 높다.

공격 필살기!
칼처럼 날카로운 엄니와 발톱으로 다른 생물을 습격하여 잡아먹는다.

능력치
- 파워 7
- 공격력 8
- 민첩성 6
- 지능 5
- 방어력 5
- 체격 6

제2장 쥐라기

무시무시한 공격으로 적을 습격한다!

몸의 모양은 수수께끼
지금까지 몸의 뼈는 조금밖에 발견되지 않았다.

49

딜로포사우루스
DILOPHOSAURUS

육식

이름의 뜻 ▶ 2개의 볏을 지닌 도마뱀

공격 필살기!
턱도 앞발도 작지만 엄니와 발톱이 뾰족하게 솟아 있어 큰 무기이다.

분류 ▶ 수각류

능력치
- 파워 6
- 공격력 6
- 민첩성 6
- 지능 5
- 방어력 5
- 체격 5

제 2 장

쥐라기

날카로운 발톱으로 고기를 찢는다!

2개의 볏
수컷의 머리 위에 있는 2개의 볏은 골판으로 이루어져 있다.

특징
몸이나 턱이 가늘어서 커다란 먹이가 아닌 작은 동물이나 생선을 먹었을 것이다.

크기
높이 1.5~1.7m
몸길이 5~7m

※2014년 시점의 연구에서는 깃털이 났을 가능성이 높다.

오르니톨레스테스

ORNITHOLESTES

이름의 뜻 ▶ 새 도둑

공격 필살기!
작은 몸에 비해 커다란 엄니를 지녔으며 앞다리도 발달했다.

분류 수각류

능력치
- 파워 3
- 공격력 4
- 민첩성 8
- 지능 7
- 방어력 4
- 체격 3

한번 노린 먹잇감은 놓치지 않는다!

제 2 장

쥐라기

발달한 앞다리
발가락이 3개 있는 앞발로 먹잇감을 잡는다.

특징
몸은 새처럼 가볍고 날쌔며 날카로운 이빨로 먹잇감에 치명적인 상처를 낸다.

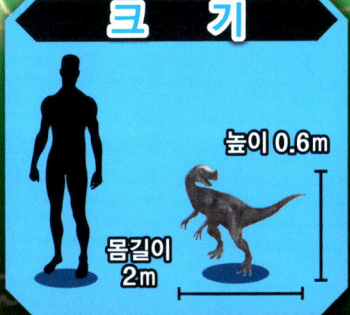

크기
- 높이 0.6m
- 몸길이 2m

※2014년 시점의 연구에서는 깃털이 났을 가능성이 높다.

51

알로사우루스

육식

ALLOSAURUS

이름의 뜻 ▶ 특별한 도마뱀

분류 / 수각류

단단한 머리
눈 위에는 뼈로 된 볏이 2개 있다.

제2장

쥐라기

커다란 앞발
대형 육식 공룡 중에서는 보기 드물게 커다란 앞발을 가졌다.

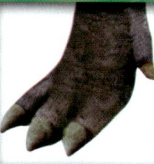
떡 벌어진 발
발의 가로 폭이 넓은 것으로 보아 달리기는 못했을 것이다.

52

공격 필살기!
엄니도 날카롭지만 앞발의 발톱이 무시무시하다. 사냥을 할 때는 앞발을 자주 사용한다.

능력치
- 파워 9
- 공격력 9
- 민첩성 6
- 지능 6
- 방어력 7
- 체격 7

특징
새끼 공룡부터 어른 공룡까지 크기가 다양한 화석이 많이 발견되었다. 무리를 지어 생활하며 아래턱을 크게 벌릴 수 있어서 먹잇감을 한입에 베어 먹는다.

날카로운 발톱 공격으로 적의 몸통을 뚫는다!

크기
- 높이 1.8~3m
- 몸길이 7~11m

제 2 장 쥐라기

※2014년 시점의 연구에서는 깃털이 났을 가능성이 높다.

53

케라토사우루스

CERATOSAURUS

육식

이름의 뜻 ▶ 뿔이 있는 도마뱀

분류
수각류

제2장

쥐라기

단단한 머리
머리가 크고 뼈가 단단하며 이마와 콧등에 뿔이 있다.

크고 많은 엄니
위턱에 난 엄니는 특히 길어서 강력한 무기이다.

※2014년 시점의 연구에서는 깃털이 났을 가능성이 높다.

등의 갑옷
등에는 작은 뼈가 줄지어 돋아 있다.

능력치
- 파워 8
- 공격력 8
- 민첩성 7
- 지능 6
- 방어력 6
- 체격 7

뿔 박치기 공격!
물어 뜯기 공격!

공격 필살기!
기다란 엄니로 자신보다 큰 공룡도 잡아먹으며, 박치기 공격으로 적을 물리친다.

특징
쥐라기를 대표하는 육식 공룡이다. 앞발에 발가락이 4개 달렸고 튼튼한 뒷발에는 무시무시한 발톱이 달렸다.

크기
- 높이 1.7~3m
- 몸길이 6~10m

제 2 장

쥐라기

구안롱

GUANLONG

육식

이름의 뜻 ▶ 관을 쓴 용

공격 필살기!
날카로운 엄니가 잔뜩 나 있어 고기를 뜯어먹기에 아주 좋다.

분류
수각류

능력치
- 파워 6
- 공격력 7
- 민첩성 7
- 지능 6
- 방어력 5
- 체격 5

제2장 쥐라기

날카로운 이빨로 물어뜯다!

크기
높이 1.2~1.7m
몸길이 3~5m

코 위에 난 긴 볏
볏은 다른 공룡들의 마음을 얻기 위해 사용한 듯하다.

특징
티라노사우루스와 비슷한 공룡으로 깃털이 있었을 가능성이 높다.

슈노사우루스

SHUNOSAURUS

이름의 뜻 ▶ 슈 도마뱀

공격 필살기!
망치처럼 단단한 꼬리의 곤봉을 이용해 적을 상대한다.

분류 용각류

능력치
- 파워 7
- 공격력 6
- 민첩성 3
- 지능 5
- 방어력 6
- 체격 7

꼬리 곤봉을 세차게 휘두르며 공격한다!

제 2 장

쥬라기

곤봉이 달린 꼬리
꼬리 끝에 뾰족뾰족한 뼈 뭉치가 있다.

특 징
용각류 중에서는 작은 편이다. 목과 몸이 약간 짧고 긴 꼬리를 가지고 있다.

크기
- 높이 3.8~4m
- 몸길이 10m

※슈는 사천성의 옛 이름이다.

57

초식

아파토사우루스

이름의 뜻 ▶ 속이는 도마뱀

두툼하고 긴 목
아래로 고개를 숙여 작은 나무에 달린 잎을 먹는다.

넓적한 입
많은 풀을 한꺼번에 씹어 먹을 수 있다.

분류

용각류

제 2 장

쥐라기

기둥 같은 네 다리
네 다리는 모두 곧고 매우 굵다.

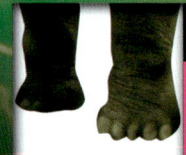

58

공격 필살기!
목에 비해 훨씬 가느다란, 마치 채찍 같은 꼬리로 적을 후려친다.

능력치
- 파워 8
- 공격력 5
- 민첩성 1
- 지능 5
- 방어력 7
- 체격 9

강력한 꼬리 채찍으로 적을 후려친다!

특징
목과 몸이 무척 두껍고 다부진 공룡이다. 꼬리 근육이 매우 발달했으며 긴 꼬리는 몸을 지탱하고 중심을 잡아 주는 역할을 한다.

크기
- 몸길이 21m
- 높이 4.5m

제 2 장

쥐라기

브라키오사우루스

BRACHIOSAURUS

이름의 뜻 ▶ 팔 도마뱀

머리의 혹
코뼈가 볼록해서 마치 머리의 혹처럼 보인다.

분류
용각류

제 2 장

쥐라기

아주 긴 목의 비밀
목뼈에는 구멍이 많이 나 있어서 가볍다.

굵은 나무 같은 다리
뒷다리보다 앞다리가 더 길다.

특징
어깨 위치가 높기 때문에 커다란 몸이 더 거대하게 보인다. 12m 정도 되는 기다란 목 덕분에 걷지 않아도 넓은 범위의 풀을 먹을 수 있다.

크기

높이 7m
몸길이 26m

공격 필살기!
거대한 몸을 지탱하는 앞다리는 무척 두껍고 단단하여 밟히면 아무도 견디지 못한다.

능력치
- 파워 9
- 공격력 6
- 민첩성 1
- 지능 5
- 방어력 7
- 체격 10

제 2 장

쥐라기

육중한 몸집으로 짓밟아 버리다!

61

디플로도쿠스

DIPLODOCUS

이름의 뜻 ▶ 2개의 기둥

공격 필살기!
가늘고 긴 꼬리를 채찍처럼 휘둘러서 달려드는 적을 후려친다.

분류 ▶ 용각류

능력치
- 파워 9
- 공격력 6
- 민첩성 1
- 지능 5
- 방어력 7
- 체격 10

제 2 장

쥐라기

긴 꼬리를 채찍처럼 휘두른다!

유연한 꼬리
온 힘을 실어 휘두르면 음속(소리의 속도)보다 빠르다는 설도 있다.

특 징
목과 꼬리가 무척 길어서 몸길이로 따지면 최대급 공룡이다.

크 기
- 높이 3.7~5m
- 몸길이 27~35m

마멘키사우루스

MAMENCHISAURUS

이름의 뜻 ▶ 마멘키 도마뱀

공격 필살기!
목 길이 정도는 아니지만 꼬리도 길어서 채찍처럼 휘두른다.

분류 용각류

능력치

- 파워 8
- 공격력 5
- 민첩성 1
- 지능 5
- 방어력 7
- 체격 9

거대한 몸집과 긴 꼬리로 적을 방어한다!

먼 곳까지 닿는 긴 목

목을 지탱하는 근육은 별로 강하지 않다.

🔍 특 징
고개를 높이 들지는 못하며 목의 길이가 몸길이의 절반을 차지한다.

크 기

- 몸길이 20~27m
- 높이 3.2~3.8m

제 2 장

쥐라기

63

스쿠텔로사우루스

SCUTELLOSAURUS

이름의 뜻 ▶ 작은 방패 도마뱀

공격 필살기!
갑옷 같은 골편이 있었지만 발이 빨라서 도망치는 것이 특기이다.

분류 ▶ 장순아목

능력치
- 파워 2
- 공격력 2
- 민첩성 8
- 지능 4
- 방어력 5
- 체격 2

공격하는 것보다 스피드 있게 도망가다!

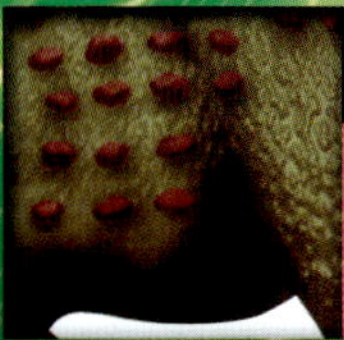

가시처럼 생긴 골편
약 304개 정도의 많은 골편을 가지고 있다.

특징
온몸에 작은 뼈가 난 갑옷으로 덮여 있으며 뒷다리가 길어 두 다리로도 걸을 수 있다.

크기
- 높이 0.3m
- 몸길이 1.2m

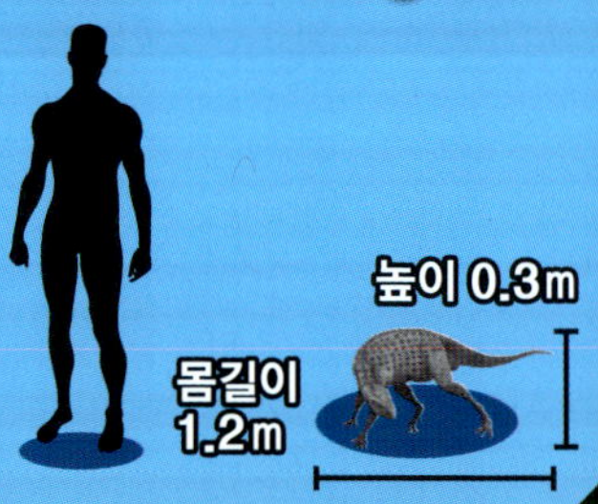

스켈리도사우루스
SCELIDOSAURUS

이름의 뜻 ▶ 다리 도마뱀

공격 필살기!
온몸에 난 골편이 갑옷 역할을 해서 적의 공격을 막아 낸다.

분류 ▶ 장순아목

능력치
- 파워 3
- 공격력 3
- 민첩성 3
- 지능 4
- 방어력 7
- 체격 4

작은 골편이 매우 강력하다!

탄탄하고 다부진 앞다리
앞다리의 힘이 강하며 네 다리로 걷는다.

특징
쥐라기 전기에 살았던 공룡으로 뚱뚱한 몸집과 다리를 보면 민첩하지는 못했을 것이다.

크기
- 높이 1m
- 몸길이 4m

제2장 쥐라기

초식

후양고사우루스

HUAYANGOSAURUS

이름의 뜻 ▶ 후양 도마뱀

🗡️ **공격 필살기!**
골판과 꼬리 끝에 있는 4개의 골침으로 몸을 방어한다.

분류 검룡류

능력치
- 파워 5
- 공격력 6
- 민첩성 2
- 지능 4
- 방어력 8
- 체격 5

제 2 장

쥐라기

골판과 가시 골침으로 몸을 지킨다!

창 모양의 골판
어깨 부근에 기다란 창처럼 생긴 골판이 있다.

🔍 **특 징**
쥐라기 중기에 살았던 공룡으로 어깨가 넓고 자세가 낮다. 튼튼한 꼬리가 큰 무기이다.

크 기
- 몸길이 5~6m
- 높이 1.2m

66

가르고일레오사우루스

GARGOYLEOSAURUS

이름의 뜻 ▶ 가고일 도마뱀

공격 필살기!
등은 골편, 몸 옆은 날카로운 돌기를 가지고 있어 방어는 문제없다.

분류 곡룡류

능력치
- 파워 5
- 공격력 5
- 민첩성 2
- 지능 5
- 방어력 9
- 체격 4

두꺼운 갑옷으로 완전 무장하다!

몸 옆면의 돌기

두껍고 날카로운 돌기가 몸 옆에 늘어서 있다.

특징
곡룡류 중에서 가장 오래된 시대에 살았다. 바닥에 납작 엎드려서 적의 공격을 피한다.

크기

몸길이 3m, 높이 0.8m

제 2 장 쥐라기

켄트로사우루스

KENTROSAURUS

이름의 뜻 ▶ 뾰족한 도마뱀

빼곡하게 늘어선 골침
꼬리 끝에 난 골침은 특히 길고 뾰족하다.

분류
검룡류

제2장

쥐라기

부리 같은 입
입이 좁고 이빨이 없었다는 설이 유력하다.

공격 필살기!
온몸에 난 골침은 모두 길고 날카로워 매우 위험한 무기이다.

능력치
- 파워 5
- 공격력 6
- 민첩성 2
- 지능 4
- 방어력 9
- 체격 5

꼬리 골침을 사납게 휘두르다!

곧은 다리
근육이 발달되지 않아 느릿느릿 움직인다.

특징
등부터 꼬리 끝까지 그리고 어깨에도 뾰족한 골침이 솟아 있다. 남반구(적도를 경계로 남쪽 부분)에서 발견된 보기 드문 검룡이다.

크기
- 몸길이 5m
- 높이 1.5m

제 2 장

쥐라기

스테고사우루스

STEGOSAURUS

이름의 뜻 ▶ 지붕 도마뱀

분류

검룡류

넓적한 골판
골판의 역할에는 여러 가지 설이 있다.

가느다란 목
근육이 약해서 머리는 항상 아래를 향한다.

제 2 장

쥐라기

70

헤스페로사우루스

HESPEROSAURUS

이름의 뜻 ▶ 서부 도마뱀

공격 필살기!
꼬리 끝에 달린 날카로운 골침으로 다가오는 적을 물리친다.

분류 검룡류

능력치
- 파워 5
- 공격력 5
- 민첩성 2
- 지능 4
- 방어력 8
- 체격 5

날카로운 골침으로 위협하다!

둥근 골판
등에는 원형 골판이 10개 이상 있다.

특 징
스테고사우루스와 매우 비슷하지만 조금 더 작다. 꼬리에 4개의 골침이 솟아 있다.

크 기
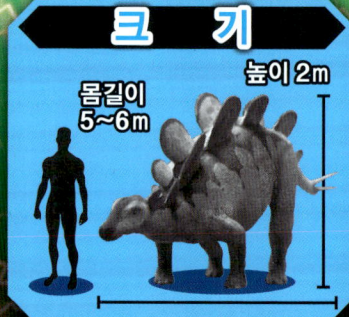
몸길이 5~6m
높이 2m

제 2 장

쥐라기

잡식

헤테로돈토사우루스
HETERODONTOSAURUS

이름의 뜻 ▶ 이빨의 형태가 다른 도마뱀

공격 필살기!
뒷다리가 길고 튼튼해 빠르게 움직일 수 있어서 적으로부터 쉽게 도망친다.

분류 조각류

능력치
- 파워 2
- 공격력 2
- 민첩성 8
- 지능 5
- 방어력 2
- 체격 2

제 2 장

쥐라기

튼튼한 다리로 재빠르게 도망가다!

다양한 이빨
3가지 형태의 서로 다른 이빨을 가지고 있다.

특 징
주로 나무의 잎과 줄기를 먹었으며 도마뱀, 작은 포유류도 잡아먹는 잡식성이다.

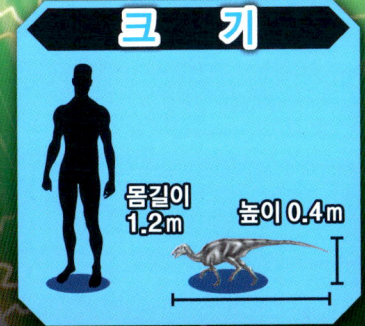
크 기
몸길이 1.2m
높이 0.4m

※2014년 시점의 연구에서는 깃털이 났을 가능성이 높다.

73

인롱

YINLONG

초식

이름의 뜻 ▶ 숨겨진 도마뱀

공격 필살기!
부리가 날카로우며 씹는 힘이 상당히 강하다.

분류
각룡류

능력치
- 파워 3
- 공격력 3
- 민첩성 7
- 지능 5
- 방어력 4
- 체격 2

제 2 장

뾰족한 뿔이 없는 각룡의 조상!

쥐라기

뾰족한 입 모양
앵무새 부리 같은 입 모양이 각룡의 대표적인 특징과 똑같다.

🔍 **특 징**
뿔은 나지 않았지만, 지금까지 알려진 각룡류 중에 가장 오래된 원시 공룡이다.

크 기
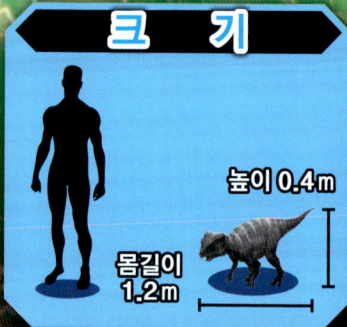
높이 0.4m
몸길이 1.2m

※ 2014년 시점의 연구에서는 깃털이 났을 가능성이 높다.

람포린쿠스

RHAMPHORHYNCHUS

육식

이름의 뜻 ▶ 부리 주둥이

공격 필살기!
날카로운 엄니가 잔뜩 난 부리로 하늘에서 공격한다.

분류
익룡

능력치
- 파워 3
- 공격력 4
- 민첩성 7
- 지능 4
- 방어력 1
- 체격 2

재빠르게 날면서 적을 공격한다!

가늘고 긴 마름모꼴 꼬리
하늘에서 균형을 잡는 데 사용한다.

특징
꼬리가 무척 길며 다양한 크기의 람포린쿠스 화석이 발견되었다.

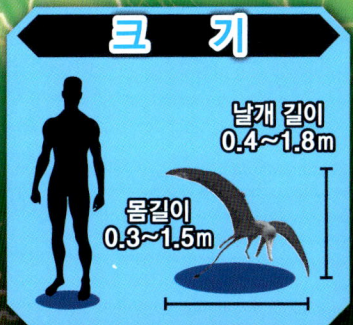
크기
- 날개 길이 0.4~1.8m
- 몸길이 0.3~1.5m

제 2 장 쥐라기

※2014년 시점의 연구에서는 깃털이 났을 가능성이 높다.

육식

리오플레우로돈

LIOPLEURODON

이름의 뜻 ▶ 매끈한 면을 가진 이빨

공격 필살기!
빼곡하게 나 있는 커다란 엄니로 무엇이든 통째로 덥석 베어 문다.

분류 해양 파충류

능력치
- 파워 7
- 공격력 9
- 민첩성 5
- 지능 4
- 방어력 6
- 체격 8

제 2 장

쥐라기

닥치는 대로 잡아먹는 바다의 포식자!

거대한 턱
턱이 단단하여 씹는 힘이 무척 강하다.

특징
길고 강한 턱과 커다란 이빨을 가졌다. 지느러미 같은 4개의 다리가 있다.

크기
- 몸길이 10~18m
- 몸통 너비 1.7~3m

잡식

아르케옵테릭스

ARCHAEOPTERYX

이름의 뜻 ▶ 고대의 날개

공격 필살기!
육식 공룡 같은 발톱을 지닌 뒷발이 훌륭한 무기이다.

분류 ▶ 조류

능력치
- 파워 3
- 공격력 3
- 민첩성 9
- 지능 7
- 방어력 3
- 체격 2

공룡 시대에 살았던 새의 조상!

제 2 장

쥐라기

새의 날개 같은 앞다리
앞다리를 펼치고 나무 위를 훨훨 날아다닌다.

특 징
'시조새'라고도 불리는 가장 오래된 시대에 살았던 새의 조상이다.

크 기
- 높이 1m
- 몸길이 1m

77

알로사우루스

스테고사우루스

승부의 열쇠를 쥔다!
자리를 선점하는 공룡이

제 2 장

쥐라기

최강 공룡 배틀 쥐라기 대결

케라토사우루스
VS
아파토사우루스

케라토사우루스는 자신보다 덩치가 큰 상대에게도 덤벼들었던 난폭한 육식 공룡이다. 거대한 아파토사우루스를 상대로 어떻게 싸울까?

제2장 쥐라기

뿔 3개 달린 사냥꾼
케라토사우루스

두꺼운 몸통의 뇌룡
아파토사우루스

케라토사우루스
- 파워 8
- 체격 7
- 공격력 8
- 방어력 6
- 민첩성 7
- 지능 6

아파토사우루스
- 파워 8
- 체격 9
- 공격력 5
- 방어력 7
- 민첩성 1
- 지능 5

배틀 WINNER 예상 결과!

아파토사우루스의 꼬리에 맞으면 케라토사우루스도 속수무책이다. 그렇지만 민첩성은 케라토사우루스가 훨씬 뛰어나다. 옆에서 접근하여 아파토사우루스의 목을 물어뜯을 기회는 많을 듯하다.

제 2 장 쥐라기

아파토사우루스

케라토사우루스

헌터의 사냥이 시작됐다!
쥐라기를 대표하는

최강 공룡 배틀 쥐라기 대결

브라키오사우루스 VS 디플로도쿠스

많은 공룡들 중에서도 최대급 덩치를 자랑하는 용각류 2마리의 치열한 힘겨루기가 시작된다. 1인자 대결에서 승리하는 공룡은 누구일까?

다부진 몸을 가진 거대 공룡
브라키오사우루스

가장 꼬리가 긴 공룡
디플로도쿠스

- 파워 9
- 체격 10
- 공격력 6
- 방어력 7
- 민첩성 1
- 지능 5

- 파워 9
- 체격 10
- 공격력 6
- 방어력 7
- 민첩성 1
- 지능 5

배틀 WINNER 예상 결과!

몸길이는 디플로도쿠스가 더 길지만, 몸통은 브라키오사우루스가 더 두껍고 다부지다. 몸을 부딪치는 단순한 힘겨루기에서는 브라키오사우루스의 승리가 예상된다.

땅을 흔드는 메가톤급 배틀!

제 2 장 쥐라기

디플로도쿠스 　 브라키오사우루스

가장 센 공룡은?
쥐라기
최강 공룡왕 랭킹

쥐라기를 대표하는 대형 육식 공룡이 당당하게 1위와 2위를 차지했다. 3위는 거대한 몸과 파워를 자랑하는 브라키오사우루스이다. 랭킹 밖이지만 스테고사우루스나 켄트로사우루스 등의 검룡들도 강하다.

1위 알로사우루스

2위 케라토사우루스

3위 브라키오사우루스

잡식

인시시보사우루스
INCISIVOSAURUS

이름의 뜻 ▶ 앞니 도마뱀

공격 필살기!
강력한 턱뿐 아니라 앞발에도 날카로운 발톱이 있다.

분류
수각류

능력치
- 파워 3
- 공격력 4
- 민첩성 8
- 지능 7
- 방어력 2
- 체격 2

제 3 장

백악기 전기

깃털과 부리가 있는 새를 닮은 공룡!

두껍고 탄탄한 턱
강한 턱으로 나무 열매를 씹어 먹는다.

특 징
위턱 앞니가 무척 크다는 특징에서 이름이 붙여졌다.

크 기
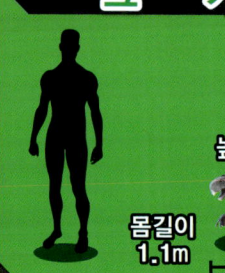
높이 0.3m
몸길이 1.1m

※2014년 시점의 연구에서는 깃털이 났을 가능성이 높다.

카우딥테릭스

CAUDIPTERYX

이름의 뜻 ▶ 꼬리 깃털

공격 필살기!
힘이 약하기 때문에 적이 나타나면 빠른 발을 이용해 도망친다.

분류 ▶ 수각류

능력치
- 파워 3
- 공격력 3
- 민첩성 10
- 지능 7
- 방어력 2
- 체격 1

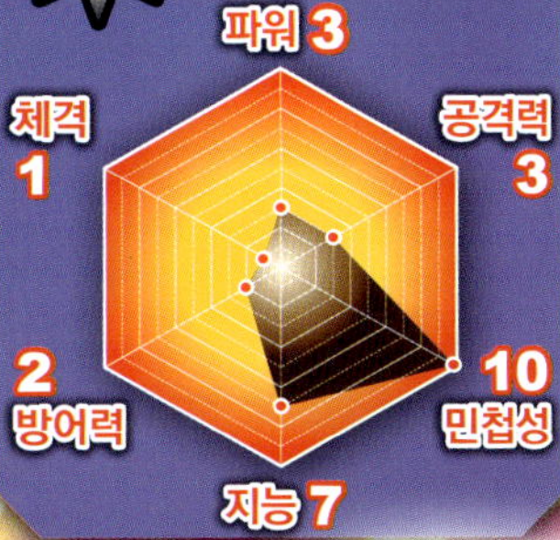

최고 스피드로 도망친다!

꼬리 깃털
부채처럼 커다란 꼬리 깃털을 가지고 있다.

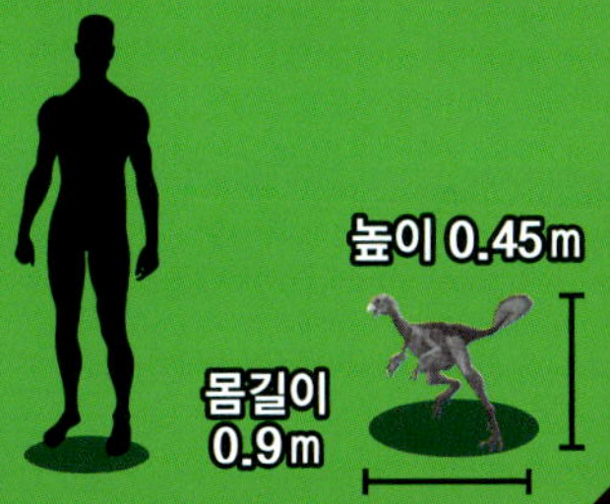

특징
앞다리와 꼬리에 깃털이 있다. 작은 몸집을 가지고 있으며 새와 닮았다.

크기
- 높이 0.45 m
- 몸길이 0.9 m

제 3 장

백악기 전기

87

시노사우롭테릭스
SINOSAUROPTERYX

이름의 뜻 ▶ 중국 도마뱀 날개

공격 필살기!
뒷다리가 길며 점프력이 대단하다. 좁은 주둥이에 날카로운 이빨이 늘어서 있다.

분류: 수각류

능력치
- 파워 2
- 공격력 3
- 민첩성 10
- 지능 7
- 방어력 2
- 체격 2

높이 점프해 공격을 시도하다!

원시적 깃털
지금의 새들과는 다른 생김새의 깃털을 지녔다.

특징
화석에서 새와 같은 깃털 흔적이 발견된 첫 번째 공룡이다.

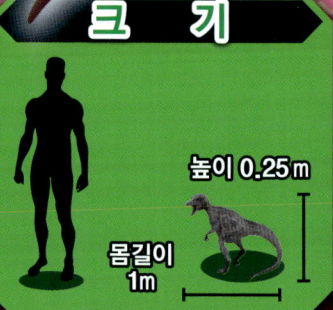

크기
- 높이 0.25 m
- 몸길이 1 m

제 3 장 · 백악기 전기

딜롱

DILONG

이름의 뜻 ▶ 황제 공룡

능력치
- 파워 4
- 공격력 4
- 민첩성 8
- 지능 6
- 방어력 4
- 체격 2

공격 필살기!
육식 공룡답게 엄니가 길고 날카로우며 강력한 턱과 이빨을 가지고 있다.

분류 ▶ 수각류

강력한 턱과 이빨로 위협하다!

제 3 장

백악기 전기

크고 다부진 머리
머리뼈는 티라노사우루스와 매우 비슷하다.

특징
백악기 후기에 살았던 티라노사우루스와 같은 계통이다. 깃털이 있었던 것으로 추측된다.

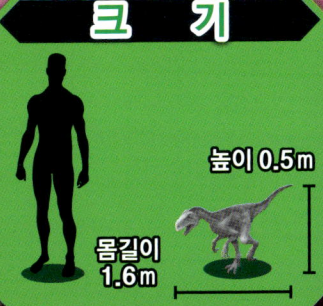

크 기
높이 0.5 m
몸길이 1.6 m

바리오닉스

BARYONYX

이름의 뜻 ▶ 무거운 발톱

제3장 백악기 전기 / 육식

곧은 엄니
날카로운 엄니가 촘촘하게 줄지어 있다.

가늘고 긴 턱
긴 턱은 악어의 턱과 비슷하며 96개의 이빨이 있다.

🔍 특징
가늘고 긴 머리는 악어를 많이 닮았다.
소화가 덜 된 생선 화석도 같이 발견된 것으로 보아 생선을 주로 먹었을 것으로 추측된다.

크기

높이 2.4m
몸길이 8m

※2014년 시점의 연구에서는 깃털이 났을 가능성이 높다.

공격 필살기!

크고 강력한 앞발의 엄지발톱은 사냥할 때도 사용하고, 적과 싸울 때도 무기로 사용한다.

능력치

- 파워 8
- 공격력 7
- 민첩성 5
- 지능 6
- 방어력 6
- 체격 6

분류

수각류

뾰족한 발톱으로 적과 맞서다!

커다란 엄지발톱

처음에는 뒷발의 발톱이라고 추측했다.

제 3 장

백악기 전기

육식

후쿠이랍토르

FUKUIRAPTOR

이름의 뜻 ▶ 후쿠이의 약탈자

공격 필살기!
앞발에 난 날카롭게 휜 발톱이 강력한 무기이다.

분류
수각류

능력치
- 파워 6
- 공격력 6
- 민첩성 8
- 지능 8
- 방어력 5
- 체격 5

제3장

백악기 전기

똑똑한 두뇌로 재빠르게 사냥한다!

늘씬하게 뻗은 다리
같은 계통 공룡 중에서는 다리가 긴 편이다.

특징
일본 후쿠이 현에서 발견된 육식 공룡으로 알로사우루스와 가까운 계통이다.

크기
높이 1.5m
몸길이 4m

※2014년 시점의 연구에서는 깃털이 났을 가능성이 높다.

육식

미크로랍토르

MICRORAPTOR

이름의 뜻 ▶ 작은 약탈자

공격 필살기!
날개처럼 생긴 다리를 펼치고 나무를 옮겨 다니며 도망친다.

분류
수각류

능력치
- 파워 3
- 공격력 3
- 민첩성 8
- 지능 8
- 방어력 2
- 체격 1

나무에 숨어 적의 공격을 피한다!

다리를 덮는 깃털
새의 날개처럼 빳빳한 깃털이 달렸다.

특징
온몸이 깃털로 덮여 있고, 발가락이 작아서 걷지는 못하고 나무 위에서 생활했을 것이다.

크기
- 높이 0.3m
- 몸길이 0.8m

제 3 장

백악기 전기

93

카르노타우루스

CARNOTAURUS

이름의 뜻 ▶ 육식 황소

두껍고 다부진 목
뒤통수부터 목까지 근육이 울퉁불퉁하다.

분류
수각류

제3장 / 백악기 전기

아주 짧은 얼굴
길이와 너비가 비슷한 독특한 얼굴을 갖고 있다.

🔍 **특징**
백악기에 살았던 육식 공룡으로 머리 위에 황소처럼 뿔이 2개 있고 튼튼한 뒷다리와 꼬리를 가졌다. 아주 귀한 피부 화석도 발견되었다.

크기

높이 1.8m
몸길이 8m

※2014년 시점의 연구에서는 깃털이 났을 가능성이 높다.

초강력 파워로 뿔 박치기 공격!

능력치
- 파워 8
- 공격력 8
- 민첩성 7
- 지능 6
- 방어력 6
- 체격 6

공격 필살기!
두꺼운 목과 턱에는 근육이 많이 붙어 있어 물고 늘어지는 힘이 아주 강하다.

작은 앞발
발가락이 4개이며, 새끼발가락은 가시처럼 돋아 있다.

제 3 장 백악기 전기

육식

데이노니쿠스

DEINONYCHUS

이름의 뜻 ▶ 무서운 발톱

분류
수각류

제 3 장

백악기 전기

몸에 비해 커다란 머리
머리가 커서 뇌가 발달해 지능이 높다.

앞발에 달린 긴 발가락
앞발에는 발가락이 3개이며 사물을 쥘 수 있다.

 특징

머리가 아주 좋아서 서로 도우며 사냥을 한다. 자신보다 덩치가 큰 먹잇감도 날카로운 갈고리발톱으로 쉽게 제압한다.

크기

높이 0.8~1m
몸길이 2.5~3.5m

96

공격 필살기!

날렵한 몸과 날카롭고 커다란 갈고리발톱이 가장 큰 무기이다. 먹잇감을 푹 찔러서 고기를 찢는다.

능력치

- 파워 6
- 공격력 6
- 민첩성 9
- 지능 9
- 방어력 5
- 체격 4

고기를 찢는 공포의 발톱!

날카로운 갈고리발톱

뒷발에 날카롭고 커다란 갈고리발톱이 있다.

제 3 장 · 백악기 전기

유타랍토르

UTAHRAPTOR

이름의 뜻 ▶ 유타의 약탈자

공격 필살기!
뛰어난 지능을 가졌으며 뒷발에 난 갈고리발톱은 크고 강력하다.

분 류 수각류

능력치
- 파워 7
- 공격력 7
- 민첩성 8
- 지능 8
- 방어력 5
- 체격 5

제3장 백악기 전기

발톱으로 먹잇감을 찢는 위험한 사냥꾼!

거대한 발톱
뒷발의 거대한 발톱 하나는 35cm나 된다.

특 징
데이노니쿠스와 가까운 계통이며 몸은 2배 정도 더 크고 발톱도 거대하다.

크 기
- 높이 1.7m
- 몸길이 6m

초식

아마르가사우루스

 AMARGASAURUS

이름의 뜻 ▶ 아마르가 도마뱀

공격 필살기!
약점인 목을 길고 매서운 가시 돌기로 지키기 때문에 쉽게 당하지는 않는다.

분류 용각류

능력치
- 파워 7
- 공격력 5
- 민첩성 1
- 지능 5
- 방어력 7
- 체격 7

제3장

매서운 가시로 적을 위협한다!

백악기 전기

목에 난 가시 돌기
긴 가시 형태의 돌기가 2줄로 났다.

🔍 **특징**
목에서부터 등까지 긴 돌기를 가지고 있으며 이 돌기로 적을 위협한다.

크기

높이 3m
몸길이 12m

99

사우로포세이돈

SAUROPOSEIDON

이름의 뜻 ▶ 포세이돈의 도마뱀

공격 필살기!
두꺼운 앞다리로 짓누르면 꼼짝없이 납작해진다.

분 류
용각류

능력치
- 파워 10
- 공격력 7
- 민첩성 1
- 지능 5
- 방어력 7
- 체격 10

제 3 장

백악기 전기

바다 신의 이름을 가진 거대한 공룡!

거대한 목뼈
목뼈의 크기로 예상하면 몸길이는 30m 이상이다.

특 징
목뼈밖에 발견되지 않았지만 현재까지 발견된 공룡 중에서 키가 가장 크다.

크 기

높이 10m
몸길이 30m

폴라칸투스

POLACANTHUS

이름의 뜻 ▶ 많은 가시

공격 필살기!
골침 갑옷으로 완벽하게 방어, 꼬리의 뼈 뭉치로 공격한다.

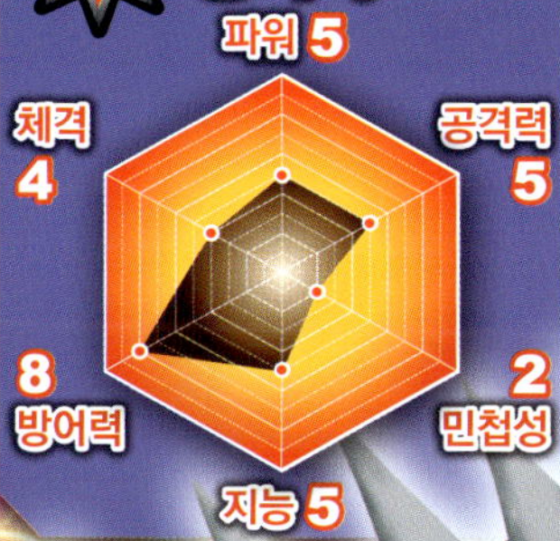

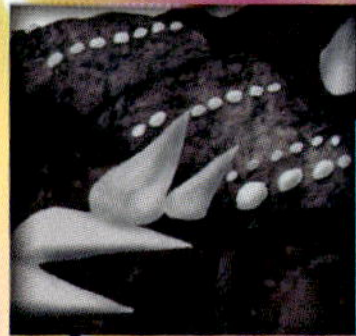

커다란 뼈 방패
허리 부분만 골침이 없고 골판으로 덮여 있다.

분류
곡룡류

능력치
- 파워 5
- 공격력 5
- 민첩성 2
- 지능 5
- 방어력 8
- 체격 4

수많은 골침으로 적을 막는다!

제 3 장

백악기 전기

크기
- 높이 0.8~1m
- 몸길이 3~4m

특징
몸 양쪽에 뾰족한 골침이 늘어서 있고 꼬리 끝에는 뼈 뭉치가 달려 있다.

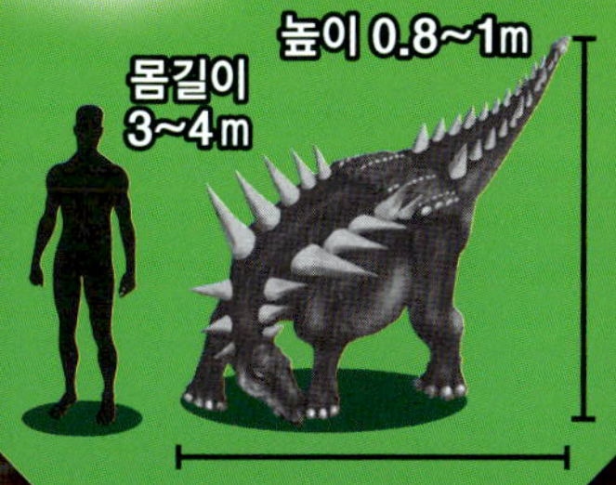

초식

사우로펠타

SAUROPELTA

이름의 뜻 ▶ 방패 도마뱀

공격 필살기!
단단한 골편으로 몸을 보호하고 거대한 골침으로 방어한다.

분류 곡룡류

제3장

백악기 전기

능력치
- 파워 6
- 공격력 7
- 민첩성 2
- 지능 5
- 방어력 9
- 체격 6

단단한 갑옷을 입어 빈틈이 없다!

등을 덮는 뼈 갑옷
자갈처럼 생긴 뼈 갑옷으로 덮여 있다.

🔍 **특징**
머리부터 꼬리까지 골편이 돋아 있고, 목과 어깨 부분에 커다란 골침이 뾰족 솟아 있다.

크 기

높이 1.6 m
몸길이 6.7 m

이구아노돈

IGUANODON

이름의 뜻 ▶ 이구아나의 이빨

공격 필살기!
뾰족한 앞발의 엄지발톱으로 적을 찌르며 싸운다.

분 류
조각류

능력치
- 파워 5
- 공격력 5
- 민첩성 5
- 지능 5
- 방어력 5
- 체격 6

뾰족한 발톱으로 사납게 공격하다!

제 3 장

백악기 전기

말처럼 긴 얼굴
입 끝이 퍼져 있고 부리처럼 생겼다.

특 징
1822년, 세계에서 처음으로 발견된 공룡이다. 이빨 형태가 이구아나와 아주 비슷하다.

크 기
높이 2~3m
몸길이 7~9m

103

민미

MINMI

초식

이름의 뜻 ▶ 민미 도마뱀

공격 필살기!
몸집은 작지만 갑옷으로 온몸을 단단히 지킨다.

분류 ▶ 곡룡류

능력치
- 파워 4
- 공격력 4
- 민첩성 2
- 지능 5
- 방어력 9
- 체격 3

제3장 백악기 전기

온몸이 갑옷으로 덮여 있어 방어에 틈이 없다!

배에도 갑옷이!
배도 단단한 골판으로 덮여 있다.

특징
원시 갑옷 공룡 계통이며, 허리에서 꼬리까지 뾰족한 골침이 솟아 있다.

크기
- 몸길이 2m
- 높이 0.6m

후쿠이사우루스

FUKUISAURUS

이름의 뜻 ▶ 후쿠이 도마뱀

공격 필살기!
이구아노돈과 마찬가지로 앞발의 엄지발톱으로 적을 찌르며 싸운다.

분류
조각류

능력치
- 파워 4
- 공격력 4
- 민첩성 5
- 지능 5
- 방어력 5
- 체격 5

제 ③ 장

백악기 전기

날카로운 엄지발톱으로 적을 찌르다!

작고 짧은 얼굴
코에서 눈 위까지 작은 볏이 있다.

특징
일본에서 발견되었으며 이구아노돈과 꼭 닮은 공룡이다. 얼굴이 약간 짧다.

크 기
- 몸길이 5m
- 높이 1.4m

105

오우라노사우루스

OURANOSAURUS

이름의 뜻 ▶ 용감한 도마뱀

공격 필살기!
등에 돛 모양의 척추 돌기가 높게 솟아 있어 몸을 크게 보여 적을 위협했을 것이다.

분류 ▶ 조각류

능력치
- 파워 5
- 공격력 4
- 민첩성 4
- 지능 5
- 방어력 5
- 체격 6

제3장 백악기 전기

커다란 척추 돌기로 위협하다!

매끄럽고 긴 머리
머리는 오리너구리 같은 생김새로 얇고 편평하다.

특징
등에 커다란 척추 돌기를 지니고 있지만 어떻게 사용했는지는 알 수 없다.

크기

높이 3m
몸길이 7m

테논토사우루스

TENONTOSAURUS

이름의 뜻 ▶ 힘줄 도마뱀

공격 필살기!
날카로운 엄니와 발톱이 없기 때문에 강한 꼬리로 적을 물리친다.

분　류 ▶ 조각류

꼬리를 휘둘러 적을 무찌르다!

능력치
- 파워 4
- 공격력 4
- 민첩성 5
- 지능 5
- 방어력 5
- 체격 6

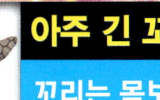
아주 긴 꼬리
꼬리는 몸보다 2.5배 정도 길다.

크　기
높이 1.7m
몸길이 6.5m

특　징
코 위의 볏과 무척 길고 두꺼운 꼬리가 특징이다.

제 3 장

백악기 전기

107

프시타코사우루스
PSITTACOSAURUS

초식

이름의 뜻 ▶ 앵무새 도마뱀

공격 필살기!
주둥이가 날카롭고 뾰족하며 씹는 힘도 상당히 강하다.

분류 ▶ 각룡류

능력치
- 파워 3
- 공격력 4
- 민첩성 7
- 지능 5
- 방어력 3
- 체격 2

제3장

백악기 전기

앵무새 부리처럼 생긴 주둥이를 가진 공룡!

다부진 턱
딱딱한 잎이나 나무 열매도 간단히 으깨서 먹는다.

크기
- 높이 0.4~0.6m
- 몸길이 1~2m

특징
다른 각룡류처럼 뿔과 프릴이 없다. 앞다리가 매우 작기 때문에 튼튼한 뒷다리로 걷는다.

※ 2014년 시점의 연구에서는 깃털이 났을 가능성이 높다.

타페자라

TAPEJARA

이름의 뜻 ▶ 오래된 것

공격 필살기!
강력한 무기는 없지만 하늘을 날 수 있는 것이 큰 장점이다.

분류
익룡

능력치
- 파워 3
- 공격력 4
- 민첩성 6
- 지능 4
- 방어력 3
- 체격 2

하늘을 나는 것이 가장 큰 무기이다!

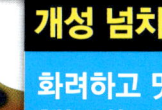

개성 넘치는 볏
화려하고 멋진 볏이 무슨 역할을 했는지는 알 수 없다.

특징
부리와 머리에 길게 돌출된 커다란 볏이 있는 익룡이다.

크기
- 날개 길이 3~4m
- 몸길이 1~1.2m

제3장 백악기 전기

※2014년 시점의 연구에서는 깃털이 났을 가능성이 높다.

프테로다우스트로

PTERODAUSTRO

육식

이름의 뜻 ▶ 남쪽 날개

⚔️ 공격 필살기!
하늘을 날 수 있는 큰 장점이 있으며 긴 부리로 물을 뜨듯이 사냥한다.

분류 ▶ 익룡

활처럼 휜 부리
물속에 사는 작은 동물을 먹을 수 있도록 진화했다.

⭐ 능력치
- 파워 3
- 공격력 4
- 민첩성 6
- 지능 4
- 방어력 1
- 체격 1

제3장

백악기 전기

먹잇감을 노리는 물가의 헌터!

🔍 특징
아래턱에 바늘과 같은 뾰족한 이빨이 1000개 정도 줄지어 있다.

크기
날개 길이 1.3 m
몸길이 0.5 m

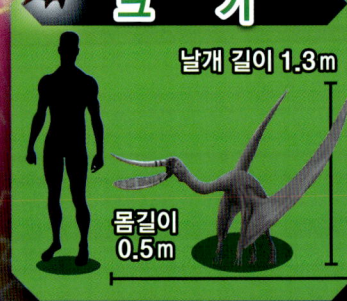

※ 2014년 시점의 연구에서는 깃털이 났을 가능성이 높다.

육식

크로노사우루스

KRONOSAURUS

이름의 뜻 ▶ 크로노스 신의 도마뱀

공격 필살기!
커다란 엄니가 난 입으로 닥치는 대로 물고 늘어진다.

분류
해양 파충류

능력치
파워 7
체격 7
공격력 7
방어력 5
민첩성 5
지능 4

제 3 장

백악기 전기

닥치는 대로
물고 늘어지는
바다의 괴물!

거대한 머리와 턱
긴 턱에는 25cm 정도 되는 엄니가 줄지어 있다.

🔍 **특징**
머리가 3m 정도나 된다. 입이 매우 크고 이빨의 힘이 티라노사우루스보다 강하다.

크기
몸통 너비 2m
몸길이 10m

111

최강 공룡 배틀 백악기(전기) 대결

카르노타우루스 VS 사우로펠타

육식 공룡 카르노타우루스가 갑옷 공룡 사우로펠타를 습격한다! 사우로펠타가 자랑하는 철통 방어를 무너뜨릴 수 있을까?

제3장 / 백악기 전기

근육이 울퉁불퉁한 육식 공룡
카르노타우루스

- 파워 8
- 체격 6
- 공격력 8
- 방어력 6
- 민첩성 7
- 지능 6

뾰족뾰족 갑옷 공룡
사우로펠타

- 파워 6
- 체격 6
- 공격력 7
- 방어력 9
- 민첩성 2
- 지능 5

배틀 WINNER 예상 결과!

카르노타우루스의 파워라면 사우로펠타 옆쪽에서 달려들어 뒤집어엎을 수 있을 것이다. 사우로펠타는 어깨에 난 거대한 골침으로 위협하여 적을 다가오지 못하게 해서 싸울 것이다.

최강 공룡 배틀 백악기(전기) 대결

데이노니쿠스 VS 이구아노돈

백악기 전기에서 손꼽는 사냥꾼 데이노니쿠스가 이구아노돈에게 도전한다! 높은 지능과 민첩성으로 체격의 차이를 극복할 수 있을까?

제3장 / 백악기 전기

매서운 갈고리발톱
데이노니쿠스
- 파워 6
- 체격 4
- 공격력 6
- 방어력 5
- 민첩성 9
- 지능 9

뾰족한 엄지발톱
이구아노돈
- 파워 5
- 체격 6
- 공격력 5
- 방어력 5
- 민첩성 5
- 지능 5

배틀 WINNER 예상 결과!

두 공룡의 체격에는 상당한 차이가 있기 때문에 데이노니쿠스의 공격은 별로 효과가 없을 듯하다. 그러나 실제로 이구아노돈과 싸운다면 머리가 좋은 데이노니쿠스는 무리를 지어 공격했을 것이다.

가장 센 공룡은?
백악기(전기)
최강 공룡왕 랭킹

힘이 넘치는 육식 공룡 카르노타우루스가 1위를 차지했다. 배틀에는 참여하지 않았지만 거대한 몸을 자랑하는 사우로포세이돈의 파워도 막강하며, 물가에 사는 헌터 바리오닉스도 무시할 수 없는 강자로 당당히 랭킹에 올랐다.

1. 카르노타우루스

2. 사우로포세이돈

3. 바리오닉스

 육식

CARCHARODONTOSAURUS
카르카로돈토사우루스

이름의 뜻 ▶ 상어 이빨 도마뱀

분류

수각류

제4장

백악기 후기

상어와 꼭 닮은 엄니
얇은 삼각형 모양 엄니는 칼처럼 날카롭다.

이빨이 가득 난 턱
티라노사우루스보다 턱이 두껍지 않다.

🔍 특징
티라노사우루스와는 다른 곳에서 서식했던 거대한 육식 공룡이다. 상어 이빨처럼 가늘고 날카로운 엄니를 가지고 있다.

크기
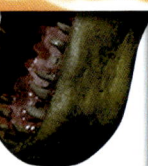
높이 4m
몸길이 13m

※ 2014년 시점의 연구에서는 깃털이 났을 가능성이 높다.

공격 필살기!
칼처럼 잘 자를 수 있는 엄니와 강력한 발톱이 최대의 무기이다.

능력치
- 파워 9
- 공격력 10
- 민첩성 6
- 지능 6
- 방어력 7
- 체격 7

상어 이빨로 잔인하게 물어뜯는다!

다부진 몸
두껍고 다부진 몸으로 커다란 머리를 받친다.

제 4 장 — 백악기 후기

육식

스피노사우루스

SPINOSAURUS

이름의 뜻 ▶ 가시 도마뱀

분류
수각류

제 4 장

백악기 후기

굵고 곧은 엄니
엄니 모양은 바다에 있던 해양 파충류와 똑같다.

※ 2014년 시점의 연구에서는 깃털이 났을 가능성이 높다.

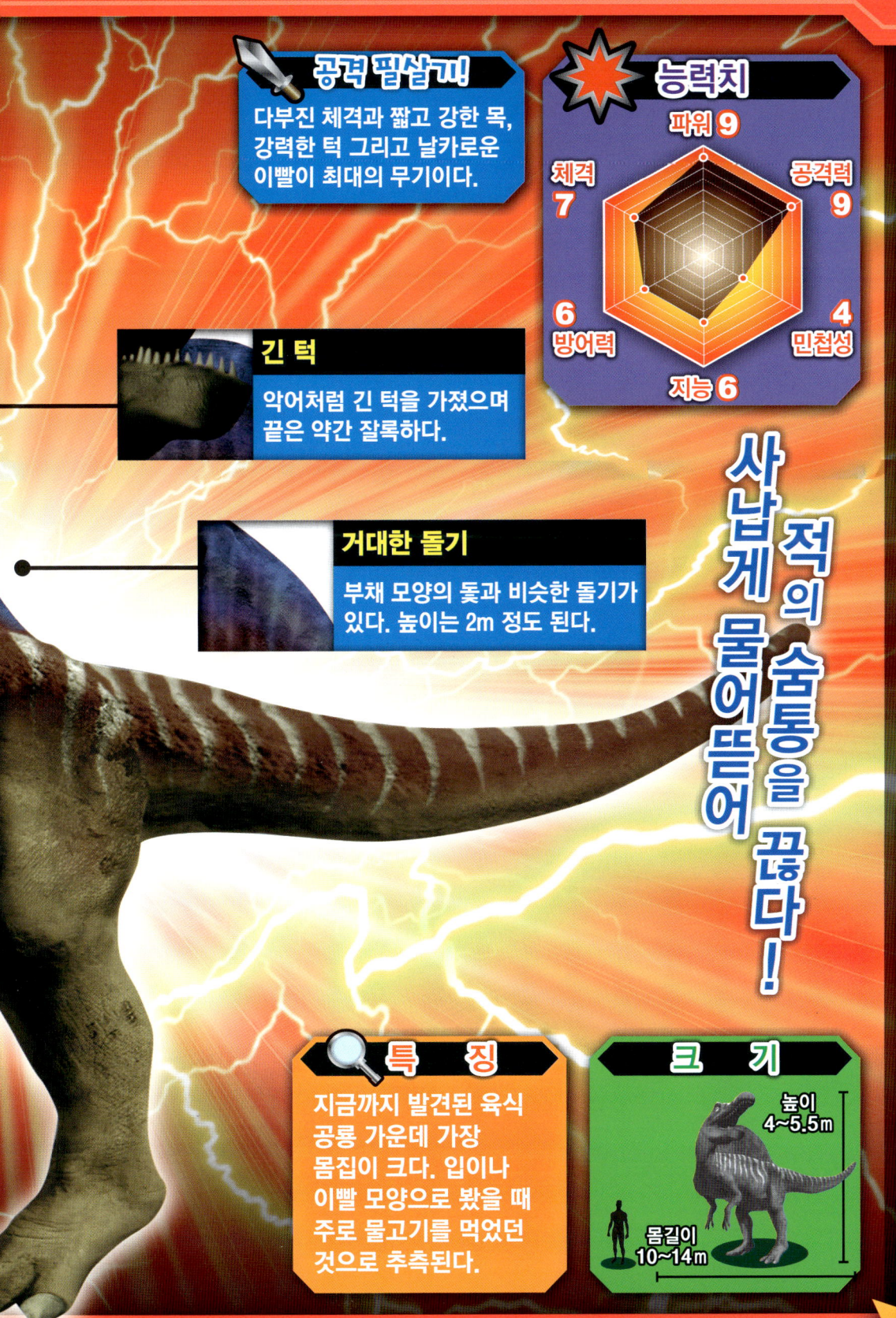

공격 필살기!
다부진 체격과 짧고 강한 목, 강력한 턱 그리고 날카로운 이빨이 최대의 무기이다.

능력치
- 파워 9
- 공격력 9
- 민첩성 4
- 지능 6
- 방어력 6
- 체격 7

긴 턱
악어처럼 긴 턱을 가졌으며 끝은 약간 잘록하다.

거대한 돌기
부채 모양의 돛과 비슷한 돌기가 있다. 높이는 2m 정도 된다.

사납게 물어뜯어 적의 숨통을 끊다!

제 4 장 / 백악기 후기

특 징
지금까지 발견된 육식 공룡 가운데 가장 몸집이 크다. 입이나 이빨 모양으로 봤을 때 주로 물고기를 먹었던 것으로 추측된다.

크 기
- 높이 4~5.5m
- 몸길이 10~14m

육식

벨로키랍토르

VELOCIRAPTOR

이름의 뜻 ▶ 날쌘 약탈자

분류: 수각류

제4장

백악기 후기

매우 발달된 앞발
발가락이 길어서 사물을 잡거나 누를 수 있다.

특징
몸집은 작지만 빠른 속도로 무리를 지어 사냥한다. 프로토케랍토스에게 발톱을 꽂은 채 죽은 화석도 발견되었다.

오비랍토르

OVIRAPTOR

이름의 뜻 ▶ 알 도둑

공격 필살기!
턱 근육이 발달되어 무는 힘이 무척 강하다.

분류 수각류

능력치
- 파워 4
- 공격력 4
- 민첩성 8
- 지능 7
- 방어력 4
- 체격 4

강력한 턱과 빠른 스피드로 사냥하다!

제4장 백악기 후기

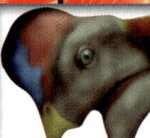

커다란 볏
볏 근처에 콧구멍이 있는 것이 특징이다.

특징
자신의 알을 잘 지켰던 공룡으로, 알의 화석 근처에서 자주 발견된다.

크기

높이 0.5~1m
몸길이 1.5~3m

124

갈리미무스

GALLIMIMUS

잡식

이름의 뜻 ▶ 닭을 닮은 공룡

공격 필살기!
뒷발로 찌르는 발차기는 강력하다.
가늘고 긴 앞발의 발톱도 날카롭다.

분류 ▶ 수각류

능력치
- 파워 5
- 체격 5
- 공격력 4
- 방어력 5
- 민첩성 8
- 지능 7

제 4 장

스피드~
최고의 방어 무기!

백악기 후기

튼튼한 뒷다리
발달된 뒷다리가 무척 길며 발가락은 3개이다.

특징
새와 같은 부리와 긴 다리를 가지고 있고, 시속 50km가 넘는 빠른 속도로 달린다.

크기
- 높이 1.2~1.8 m
- 몸길이 4~6 m

125

육식

티라노사우루스

TYRANNOSAURUS

이름의 뜻 ▶ 폭군 도마뱀

 분류

수각류

제 4 장

백악기 후기

길고 굵은 엄니
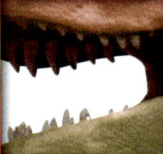
강력한 턱과 8~30cm나 되는 기다란 엄니를 가졌다.

작은 앞발

큰 덩치와 턱에 비해 앞발은 상당히 작다.

 특징

튼튼한 턱과 무서운 이빨이 있는 최대급 육식 공룡이다. 어떤 공룡이든 티라노사우루스 앞에서는 그저 먹잇감일 뿐이다.

 크기

높이 3.8~4m
몸길이 11~12.5m

※2014년 시점의 연구에서는 깃털이 났을 가능성이 높다.

공격 필살기!
두껍고 튼튼한 턱에는 근육이 많이 붙어 있어 엄청난 파워를 가지고 있다.

능력치
- 파워 10
- 공격력 10
- 민첩성 6
- 지능 6
- 방어력 7
- 체격 7

적을 박살 내다! 강력한 턱 공격으로

다부진 뒷발
무거운 몸에 비해 빨리 달릴 수 있다.

제 4 장

백악기 후기

테리지노사우루스

THERIZINOSAURUS

이름의 뜻 ▶ 낫 도마뱀

공격 필살기!
긴 앞다리와 낫 모양의 날카로운 앞 발톱을 휘둘러 공격한다.

분류
수각류

능력치
- 파워 7
- 공격력 7
- 민첩성 4
- 지능 5
- 방어력 5
- 체격 7

거대한 발톱의 위력을 뽐내다!

제4장

백악기 후기

거대한 앞다리와 긴 발톱
2m나 되는 앞다리에는 70cm나 되는 발톱이 있다.

특징
앞다리 이외의 화석이 거의 발견되지 않았기 때문에 베일에 싸인 공룡이다.

크기

- 높이 5 m
- 몸길이 10 m

육식

트오돈

TROODON

이름의 뜻 ▶ 구부러진 이빨

공격 필살기!
머리가 똑똑한 공룡이며 튼튼한 뒷다리에 갈고리발톱이 있다.

분류
수각류

발달한 뇌
큰 뇌를 이용해 지능적으로 사냥한다.

똑똑한 두뇌로 먹잇감을 사냥한다!

제 4 장

백악기 후기

능력치
- 파워 5
- 공격력 6
- 민첩성 9
- 지능 10
- 방어력 5
- 체격 3

특징
몸에 비해 뇌가 무척 커서 공룡 중에서는 가장 머리가 좋다고 추측된다.

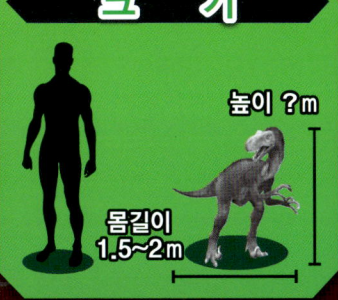

크기
높이 ?m
몸길이 1.5~2m

129

마시아카사우루스

MASIAKASAURUS

육식

이름의 뜻 ▶ 나쁜 도마뱀

공격 필살기!
입 밖으로 튀어나온 이빨과 뒷발 안쪽에 난 발톱이 무기이다.

분류
수각류

능력치
- 파워 4
- 공격력 5
- 민첩성 8
- 지능 7
- 방어력 4
- 체격 3

제4장

백악기 후기

무시무시한 이빨 공격!

바깥으로 난 이빨
작은 동물이나 물고기를 잡는 데 적합하다.

특 징
백악기에 살았던 공룡이지만 트라이아스기에 살았던 공룡과 닮았다.

크 기

높이 0.6m
몸길이 2.1m

※ 2014년 시점의 연구에서는 깃털이 났을 가능성이 높다.

육식

모노니쿠스

MONONYKUS

이름의 뜻 ▶ 하나의 발톱

공격 필살기!
7.5cm 정도 되는 거대한 앞발의 발톱으로 적을 찌른다.

분류 ▶ 용반류

능력치
- 파워 3
- 체격 1
- 공격력 4
- 방어력 2
- 민첩성 9
- 지능 6

초강력 발톱으로 적을 찌른다!

늘씬한 뒷다리
뒷다리가 무척 길어 민첩하고 빠르게 달린다.

 특징
앞발에 있는 하나의 거대한 발톱이 가장 큰 특징이다. 긴 다리로 빠르게 이동했다.

제 4 장

백악기 후기

크기
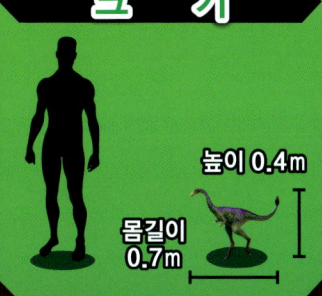

높이 0.4m
몸길이 0.7m

※ 2014년 시점의 연구에서는 깃털이 났을 가능성이 높다.

아르젠티노사우루스

ARGENTINOSAURUS

이름의 뜻 ▶ 아르헨티나 도마뱀

공격 필살기!
메가톤급의 거대한 몸에는 어설픈 공격이 통하지 않는다.

분류
용각류

능력치
- 파워 9
- 공격력 6
- 민첩성 1
- 지능 5
- 방어력 7
- 체격 10

긴 꼬리를 휘둘러 공격한다!

제 4 장

백악기 후기

거대한 등뼈
높이가 1.6m나 되는 등뼈 화석이 발견되었다.

특 징
역사상 가장 큰 용각류이며, 아직 몸의 일부밖에 발견되지 않았다.

크 기
높이 8 m
몸길이 30 m

니제르사우루스

NIGERSAURUS

이름의 뜻 ▶ 니제르 도마뱀

능력치
- 파워 7
- 공격력 4
- 민첩성 2
- 지능 5
- 방어력 5
- 체격 7

공격 필살기!
강력한 무기는 없지만 많은 이빨을 보이며 위협했을지도 모른다.

분류 ▶ 용각류

제 4 장

백악기 후기

진공청소기처럼 생긴 특이한 주둥이!

폭이 넓고 네모난 입
폭이 넓은 입에는 1000개나 되는 이빨이 있다.

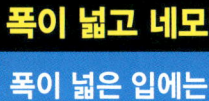

🔍 특 징
입의 너비가 넓어서 한 번에 많은 풀을 뜯어먹을 수 있다.

크 기
높이 3m
몸길이 10m

암펠로사우루스

AMPELOSAURUS

이름의 뜻 ▶ 포도나무 도마뱀

공격 필살기!
온몸을 덮는 삐죽삐죽한 갑옷은 뼈로 되어 있어 단단하다.

분류 용각류

능력치
- 파워 8
- 공격력 4
- 민첩성 1
- 지능 5
- 방어력 8
- 체격 8

제 4 장

백악기 후기

단단한 갑옷으로 몸을 철저히 지킨다!

평평하고 넓은 등
평평한 등에는 뾰족한 돌기가 빼곡하게 솟아 있다.

크기
높이 4m
몸길이 18m

특징
화석이 적어서 베일에 싸여 있지만 튼튼한 갑옷으로 몸을 지킨 공룡이다.

보니타사우라

BONITASAURA

이름의 뜻 ▶ 보니타 도마뱀

공격 필살기!
풀을 먹기 위한 입을 지녔지만, 위험에 처했을 때는 적을 덥석 물었을 것이다.

분류 ▶ 용각류

능력치
- 파워 7
- 공격력 4
- 민첩성 2
- 지능 5
- 방어력 6
- 체격 6

제 4 장

백악기 후기

짧은 목과 넓죽한 오리주둥이!

넓죽한 입
오리주둥이처럼 매우 넓죽한 입을 가지고 있다.

특징
용각류 중에서는 몸이 작은 편이며 목은 근육질이지만 매우 짧다.

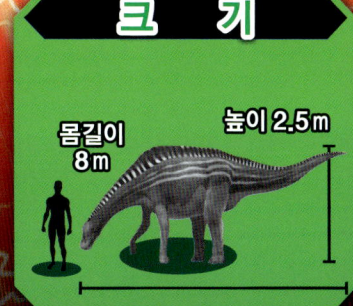

크기 — 몸길이 8m, 높이 2.5m

안킬로사우루스

ANKYLOSAURUS

이름의 뜻 ▶ 연결된 도마뱀

공격 필살기!
몸집이 크고 갑옷도 단단하다. 망치처럼 생긴 꼬리로 적을 물리친다.

분류 ▶ 곡룡류

능력치
파워 7
공격력 7
민첩성 2
지능 5
방어력 10
체력 7

제 4 장

백악기 후기

철벽 방어를 자랑하는 갑옷 공룡!

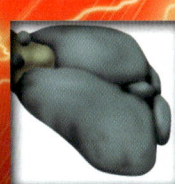

망치 같은 꼬리
편평한 뼈 뭉치가 꼬리 끝에 달려 있다.

특징
꼬리 부분에 커다란 곤봉을 가지고 있으며 몸집이 크고 힘도 무척 세다.

크기
높이 1.8m
몸길이 9m

초식

사이카니아

SAICHANIA

이름의 뜻 ▶ 아름다운 것

공격 필살기!
가시 갑옷 덕분에 방어가 튼튼하다. 공격에는 꼬리 끝에 뼈로 된 곤봉을 사용한다.

분류 ▶ 곡룡류

능력치
- 파워 6
- 공격력 7
- 민첩성 2
- 지능 5
- 방어력 10
- 체격 5

제 4 장

초강력 꼬리 곤봉을 휘두르다!

백악기 후기

뼈 뭉치 꼬리
꼬리 끝에 단단한 뼈 뭉치가 달려 있다.

특징
다리가 짧고 전체적으로 몸이 납작하다. 등뿐 아니라 배까지 갑옷으로 덮여 있어 든든하다.

크기
- 몸길이 5~6 m
- 높이 1.2~1.3 m

137

탈라루루스

TALARURUS

이름의 뜻 ▶ 잘 엮여 올라간 꼬리

공격 필살기!
단단한 뼈 뭉치가 달린 꼬리를 휘둘러 적을 물리친다.

분류 곡룡류

제 4 장

능력치
- 파워 6
- 공격력 7
- 민첩성 2
- 지능 5
- 방어력 9
- 체격 5

백악기 후기

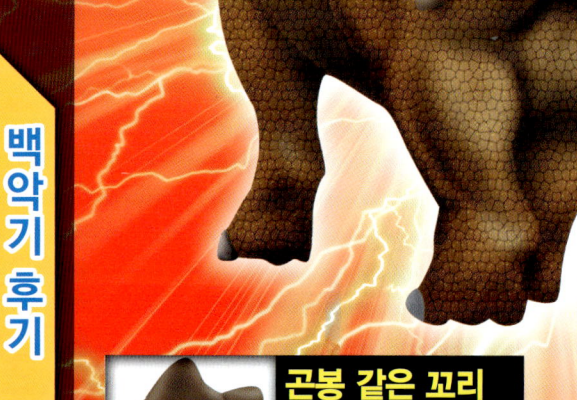

꼬리 곤봉 공격!
갑옷으로 방어!

곤봉 같은 꼬리
꼬리 끝에는 딱딱한 뼈 뭉치가 있다.

특징
뚱뚱하게 살이 찐 몸을 무겁고 단단한 갑옷으로 지킨다.

크기
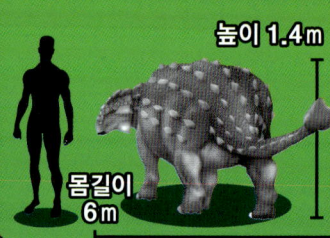
높이 1.4m
몸길이 6m

에드몬토사우루스

EDMONTOSAURUS

초식

이름의 뜻 ▶ 에드몬토 도마뱀

공격 필살기!
무리를 지어 몸을 지켰지만 먹잇감이 되는 일도 많았다.

분류 ▶ 조각류

능력치
- 파워 6
- 공격력 4
- 민첩성 4
- 지능 5
- 방어력 5
- 체격 7

제4장

무리를 지어 적으로부터 몸을 지키다!

수많은 이빨
이빨이 닳으면 계속해서 다음 이빨이 자라난다.

🔍 특징
북아메리카에 많이 살았으며 화석에는 물린 자국이 있기도 하다.

크기

- 몸길이 9~11m
- 높이 2.5~3m

백악기 후기

올로로티탄

OLOROTITAN

이름의 뜻 ▶ 거대한 백조

공격 필살기!
특별한 무기가 없기 때문에 무리를 지어 몸을 보호한다.

분류 ▶ 조각류

능력치
- 파워 5
- 공격력 4
- 민첩성 5
- 지능 5
- 방어력 5
- 체격 7

제4장

백악기 후기

화려하고 커다란 볏을 가진 공룡!

커다란 뼈 볏
볏 안에는 파이프처럼 동굴이 있다.

크 기
몸길이 10m, 높이 3m

특 징
코끝에서 머리 뒤쪽까지 펼쳐진 커다란 볏이 특징이다. 턱은 식물을 먹기 좋게 진화했다.

사우롤로푸스

SAUROLOPHUS

이름의 뜻 ▶ 볏이 있는 도마뱀

공격 필살기!
무리를 지어 크게 소리를 질러서 적을 위협한다.

분류

능력치
- 파워 6
- 공격력 4
- 민첩성 4
- 지능 5
- 방어력 5
- 체격 7

제 ④ 장

위협적인 소리로 적을 굳게 만든다!

백악기 후기

볏 모양의 돌기
기다란 머리 뒤에 볏 모양의 돌기가 돋아 있다.

특 징
입 안에 수백 개의 이빨이 있으며, 아시아에서 많이 발견된 공룡으로 피부 화석까지 있다.

크 기

높이 3~4 m
몸길이 9~12 m

니폰노사우루스

NIPPONOSAURUS

이름의 뜻 ▶ 일본 도마뱀

공격 필살기!
발견되지 않은 부분이 많아서 어떤 무기로 어떻게 싸웠는지 베일에 싸여 있다.

분류 ▶ 조각류

능력치
- 파워 5
- 공격력 4
- 민첩성 6
- 지능 5
- 방어력 5
- 체격 5

제4장 백악기 후기

베일에 싸인 미스터리한 공룡!

궁금증이 남는 머리

코 위에 볏이 있다고 추측된다.

특징
1934년 당시에 일본이 지배했던 러시아 사할린에서 발견된 공룡이다.

크기

높이 1.5m
몸길이 5m

마이아사우라

MAIASAURA

이름의 뜻 ▶ 착한 어미 도마뱀

공격 필살기!
적에게 공격을 당하지 않도록 큰 무리를 지어 생활한다.

분류 ▶ 조각류

능력치
- 파워 5
- 공격력 4
- 민첩성 5
- 지능 5
- 방어력 5
- 체격 6

큰 무리를 지어 공격을 피하라!

오리주둥이 같은 입
셀 수 없을 정도로 많은 이빨이 있다.

특징
발견된 화석으로 미루어 보아 큰 무리를 지어 알과 새끼를 지킨 공룡이다.

크기
- 높이 2m
- 몸길이 7~8m

제 4 장

백악기 후기

파라사우롤로푸스
PARASAUROLOPHUS

이름의 뜻 ▶ 사우롤로푸스와 비슷한

공격 필살기!
속이 빈 볏을 사용하여 큰 소리를 내서 적을 위협해 쫓아낸다.

분류 조각류

능력치
- 파워 5
- 공격력 4
- 민첩성 4
- 지능 5
- 방어력 5
- 체격 7

제4장 / 백악기 후기

괴음을 내며 적을 위협하다!

무척 긴 볏
길이가 2m나 되며 코와 연결돼 있다.

특징
조각류 중에서도 특히 기다란 볏을 가지고 있으며 볏 속에는 공기가 통하는 길이 있다.

크기
- 몸길이 8~10m
- 높이 3~3.5m

파키케팔로사우루스
PACHYCEPHALOSAURUS

초식

이름의 뜻 ▶ 두꺼운 머리 도마뱀

공격 필살기!
머리에 뾰족한 돌기가 있고 탄탄한 머리로 박치기 공격을 한다.

분류
후두류

능력치
- 파워 5
- 공격력 5
- 민첩성 4
- 지능 5
- 방어력 6
- 체격 5

박치기 공격으로 날려 버린다!

제 4 장

백악기 후기

돔처럼 생긴 머리
머리뼈의 두께가 무려 20cm 이상이나 된다.

크기
- 몸길이 3~5m
- 높이 1.2~1.6m

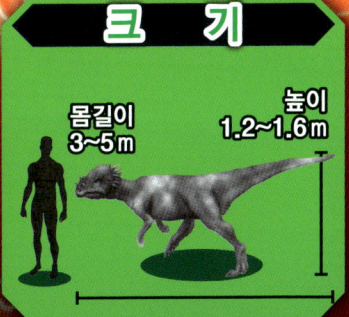

특징
머리뼈가 두꺼운 후두류 중에서 가장 크다. 머리 주위에는 혹 같은 돌기가 있다.

145

람베오사우루스

LAMBEOSAURUS

이름의 뜻 ▶ 람베 도마뱀

공격 필살기!
몸집이 크기 때문에 다른 조각류보다 공격을 덜 받았을 것이다.

분류 ▶ 조각류

능력치
- 파워 6
- 공격력 4
- 민첩성 4
- 지능 5
- 방어력 5
- 체격 7

도끼처럼 생긴 볏으로 위협하다!

특이한 모양의 볏
볏 모양은 연령에 따라 변한다.

특 징
가장 큰 조각류로 위아래 높이가 있는 몸집 덕분에 더 크게 보인다.

크 기
- 몸길이 9~14 m
- 높이 3~5 m

제4장 백악기 후기

고요케팔레

GOYOCEPHALE

이름의 뜻 ▶ 꾸며진 머리

공격 필살기!
몸집이 작고 날쌔기 때문에 싸우지 않고 도망치는 것이 특기이다.

분류 ▶ 후두류

능력치
- 파워 4
- 공격력 5
- 민첩성 6
- 지능 5
- 방어력 4
- 체격 3

우락부락한 머리로 들이받는다!

육식 공룡 같은 엄니
초식 공룡이지만, 육식 공룡 같은 엄니가 있다.

특징
정수리가 넓적하고 머리 뒤에 가시 같은 돌기가 돋아 있다.

크기
- 높이 0.7 m
- 몸길이 1.8 m

제 4 장 — 백악기 후기

초식

스티기몰로크

STYGIMOLOCH

이름의 뜻 ▶ 지옥 강의 악마

제4장

백악기 후기

🗡️ **공격 필살기!**
단단한 머리뼈가 매우 위협적이며 머리에 뾰족한 뿔이 달렸다.

분류 ▶ 후두류

능력치
- 파워 4
- 공격력 5
- 민첩성 6
- 지능 5
- 방어력 4
- 체격 3

가시가 난 단단한 머리
머리 뒷부분에는 가시처럼 생긴 뿔이 솟아 있다.

단단한 머리로 적을 격파한다!

🔍 **특징**
단단한 머리 주변에 가시처럼 생긴 뿔이 많이 나 있어서 얼굴이 무시무시하다.

크기
- 높이 ?m
- 몸길이 1.5~2m

148

스테고케라스

STEGOCERAS

이름의 뜻 ▶ 뿔이 있는 천장

공격 필살기!
두껍고 단단한 머리로 박치기를 할 때 온몸에 무게를 실어서 돌진한다.

분류 ▶ 후두류

능력치
- 파워 4
- 공격력 5
- 민첩성 5
- 지능 5
- 방어력 5
- 체격 4

제 4 장

백악기 후기

적에게 돌진해 박치기 공격을 퍼붓다!

살짝 가느다란 목
단단한 머리에 비해 목은 굵지 않다.

특징
머리뼈가 두껍고 단단하며 헬멧처럼 솟아 있다. 머리 뒷부분에 작은 혹들이 나 있다.

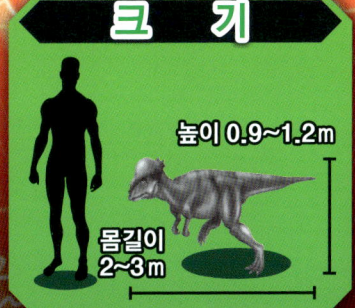

크기
- 높이 0.9~1.2m
- 몸길이 2~3m

호말로케팔레

HOMALOCEPHALE

초식

이름의 뜻 ▶ 평평한 머리

공격 필살기!
머리뼈는 볼록하지 않지만 두꺼워서 박치기가 강하다.

분류 ▶ 후두류

능력치
- 파워 4
- 공격력 5
- 민첩성 5
- 지능 5
- 방어력 4
- 체격 4

제4장

백악기 후기

평평한 머리는 무척 강렬하다!

평평한 머리
머리가 평평하며 폭이 넓고 크다.

특징
머리가 평평한 후두류이다. 다른 공룡의 새끼로 보는 연구자도 있다.

크기
- 높이 ? m
- 몸길이 1.5~3 m

주니케라톱스

ZUNICERATOPS

이름의 뜻 ▶ 주니족의 뿔 달린 얼굴

공격 필살기!
거대한 뿔 2개를 내밀고 적에게 돌진해 공격한다.

분류 ▶ 각룡류

능력치
- 파워 7
- 공격력 8
- 민첩성 5
- 지능 5
- 방어력 6
- 체격 5

제 4 장

굵은 뿔에 꽂히면 끝장이다!

백악기 후기

2개의 굵은 뿔
눈 위에 달린 뿔은 짧지만 아주 굵어서 강하다.

특징
코 위에 뿔이 없기 때문에 원시 타입의 각룡으로 추측된다.

크기

몸길이 4m
높이 1.5m

151

초식

트리케라톱스

TRICERATOPS

이름의 뜻 ▶ 3개의 뿔이 달린 얼굴

 분류

 각룡류

커다란 프릴
커다란 프릴이 목을 지키도록 펼쳐져 있다.

 제 4 장

 백악기 후기

3개의 뿔
눈 위에 달린 2개의 뿔은 각룡 중에서 가장 길다.

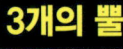

공격 필살기!
각룡 중에서는 몸집이 가장 크며 힘도 최강이다. 3개의 뿔로 적을 밀어붙인다.

능력치
- 파워 9
- 공격력 9
- 민첩성 4
- 지능 5
- 방어력 7
- 체격 7

단단한 뿔로 적의 몸통을 뚫는다!

특징
3개의 뿔과 커다란 프릴이 있다. 뿔은 적과 싸울 때 무기로 쓰거나 동료와 힘겨루기를 할 때 사용한다. 튼튼한 다리는 무거운 몸을 지탱해 준다.

크기
몸길이 7~10 m
높이 2~3 m

다부진 다리
다리는 굵고 다부지다. 얼핏 봐도 힘이 세 보인다.

제 4 장 백악기 후기

에이니오사우루스

EINIOSAURUS

초식

이름의 뜻 ▶ 에이니오족의 도마뱀

공격 필살기!
거대한 뿔과 프릴은 아주 훌륭한 무기이다.

분류 각룡류

능력치
- 파워 8
- 공격력 7
- 민첩성 5
- 지능 5
- 방어력 6
- 체격 5

거대한 뿔로 들이받는다!

제 4 장

백악기 후기

크게 휜 뿔
다른 공룡과 힘겨루기를 할 때 사용한다.

특징
코 위에는 앞쪽 아래 방향으로 휜 뿔이 달렸으며 프릴에도 뿔이 2개 달렸다.

크 기
- 몸길이 5m
- 높이 1.7m

스티라코사우루스

STYRACOSAURUS

초식

이름의 뜻 ▶ 긴 가시가 있는 도마뱀

공격 필살기!
코 위에 달린 뿔과 뾰족뾰족한 프릴로 공격과 방어 모두 빈틈이 없다.

분류
각룡류

능력치
- 파워 8
- 공격력 8
- 민첩성 5
- 지능 5
- 방어력 6
- 체격 5

위협적인 뿔과 프릴로 공격을 퍼붓다!

제 4 장

백악기 후기

날카로운 프릴
프릴의 가장자리에 긴 뿔이 솟아 있다.

특징
생김새가 트리케라톱스와 비슷하지만, 몸집이 더 작고 눈 위에 뿔이 없다.

크기
- 몸길이 5.5m
- 높이 2m

초식

파키리노사우루스
PACHYRHINOSAURUS

이름의 뜻 ▶ 두꺼운 코 도마뱀

공격 필살기!
머리에 있는 딱딱한 혹으로 적을 내려치듯이 들이받는다.

분 류 ▶ 각룡류

능력치
- 파워 8
- 공격력 7
- 민첩성 5
- 지능 5
- 방어력 6
- 체격 6

제 4 장

백악기 후기

울퉁불퉁한 혹으로 들이받다!

혹투성이 얼굴
혹은 뼈 뭉치로, 매우 울퉁불퉁하고 딱딱하다.

🔍 **특 징**
각룡 계통이지만 뾰족한 뿔이 없는 대신 울퉁불퉁한 혹이 있다.

크 기
몸길이 5.5~7m
높이 1.8~2.3m

156

프로토케라톱스

PROTOCERATOPS

이름의 뜻 ▶ 최초의 뿔 얼굴

공격 필살기!
주둥이가 날카롭고 턱의 힘이 강해 물어뜯기가 강렬하다.

분류 각룡류

강력한 턱 힘으로 물어뜯는다!

능력치
- 파워 4
- 공격력 4
- 민첩성 6
- 지능 5
- 방어력 6
- 체격 3

커다란 머리
머리 뒷부분에 근사한 프릴이 있다.

특 징
원시 타입의 각룡으로 알이나 새끼 화석도 많이 발견되었다.

크 기
몸길이 2m, 높이 0.6m

제4장 백악기 후기

펜타케라톱스

PENTACERATOPS

이름의 뜻 ▶ 뿔이 5개 달린 얼굴

공격 필살기!
코와 눈 위에 달린 3개의 뿔이 강력하다. 프릴에 있는 돌기도 매우 위협적이다.

능력치
- 파워 8
- 체격 6
- 공격력 9
- 방어력 7
- 민첩성 4
- 지능 5

분류 ▶ 각룡류

제4장 백악기 후기

치명적인 뿔로 적을 물리친다!

커다란 프릴
프릴 뼈에는 구멍이 있어서 가볍다.

특징
얼굴 정면에 3개, 볼에 2개의 뿔이 있다. 프릴도 작은 가시 같은 돌기투성이이다.

크기
- 몸길이 6~7m
- 높이 2.2~2.4m

프테라노돈

PTERANODON

이름의 뜻 ▶ 이빨이 없는 날개

공격 필살기!
하늘에서 먹잇감을 찾아 긴 부리로 덥석 문다.

분류 ▶ 익룡

기다란 부리로 먹잇감을 사냥한다!

능력치
- 파워 4
- 공격력 5
- 민첩성 7
- 지능 4
- 방어력 3
- 체격 2

긴 머리
부리와 볏이 크고 머리가 매우 길다.

특 징
날갯짓을 하기보다는 바람을 타며 하늘을 난다.
이빨이 없지만 긴 부리로 물고기를 잡는다.

크 기
몸길이 1.5~1.8 m
날개 길이 7~9 m

제 4 장

백악기 후기

육식

케찰코아틀루스

QUETZALCOATLUS

이름의 뜻 ▶ 날개를 가진 뱀

능력치

- 파워 4
- 공격력 5
- 민첩성 6
- 지능 4
- 방어력 3
- 체격 3

공격 필살기!
주둥이에 이빨은 없지만 끝이 상당히 날카롭다.

분류 ▶ 익룡

제 4 장

백악기 후기

하늘의 괴물이 나타났다!

작은 몸
날개 외의 부분은 작고 가볍다.

크기
- 날개 길이 12m
- 몸길이 1.5~1.8m

특징
하늘을 나는 익룡 중에서 몸집이 가장 크며 물고기를 주로 잡아먹는다.

육식

엘라스모사우루스

ELASMOSAURUS

이름의 뜻 ▶ 판 도마뱀

공격 필살기!
8m 정도 되는 기다란 목 덕분에 먹잇감을 쉽게 잡는다.

분류
해양 파충류

능력치
- 파워 6
- 공격력 7
- 민첩성 4
- 지능 5
- 방어력 5
- 체격 7

제4장

긴 목을 뻗어 먹잇감을 놓치지 않는다!

백악기 후기

가늘고 긴 목
목뼈가 70개 이상이나 된다.

특징
목이 몸길이 절반 이상이나 될 만큼 길며 해양 파충류 중에서 몸이 가장 길다.

크기
- 몸통 너비 1~1.2m
- 몸길이 10~12m

161

육식

모사사우루스

MOSASAURUS

이름의 뜻 ▶ 뮤즈의 도마뱀

공격 필살기!
입을 1m 정도 벌릴 수 있어서 먹이를 통째로 삼킨다.

분류
해양 파충류

능력치
- 파워 8
- 공격력 8
- 민첩성 6
- 지능 4
- 방어력 5
- 체격 7

무자비한 물어뜯기 공격을 퍼붓다!

제 4 장

백악기 후기

뱀처럼 긴 몸
몸과 꼬리를 구불거리며 능숙하게 헤엄친다.

특징
수중 생활에 맞게 진화한 해양 파충류이다. 물고기와 도마뱀을 섞어 놓은 모습 같다.

크기
몸통 너비 1.5m
몸길이 12m

162

스토마토수쿠스

STOMATOSUCHUS

육식

이름의 뜻 ▶ 입 악어

공격 필살기!
큰 몸을 움직이는 힘이 상당하며 꼬리의 힘도 강하다.

분류 파충류

꼬리 파워로 적을 물리친다!

길게 뻗은 턱
큰 주둥이는 거대하지만 이빨은 아주 작다.

특징
지금의 악어보다 크지만 이빨이 작아서 작은 물고기나 새우 등을 먹었을 것이다.

제 4 장

백악기 후기

능력치
- 파워 7
- 체격 7
- 공격력 5
- 방어력 6
- 민첩성 5
- 지능 3

크기
- 높이 1.5m
- 몸길이 11m

163

최강 공룡 배틀 백악기(후기) 대결

티라노사우루스
VS
트리케라톱스

최대 최강의 육식 공룡이라 불리는 티라노사우루스와 그 라이벌 트리케라톱스의 배틀이 시작된다. 공룡왕을 정하는 숙명의 대결이다!

제4장

공룡 시대 최후의 공룡왕
티라노사우루스

3개의 뿔을 지닌 전함
트리케라톱스

파워 10
체격 7
공격력 10
방어력 7
민첩성 6
지능 6

파워 9
체격 7
공격력 9
방어력 7
민첩성 4
지능 5

백악기 후기

배틀 WINNER 예상 결과!

무엇이든 씹어 먹는 강력한 턱을 지닌 티라노사우루스지만, 트리케라톱스에게 가까이 다가가는 것은 간단하지 않을 것이다. 뿔을 피해 옆으로 돌아서 공격하면 물어뜯을 기회가 있을 것이다!

티라노사우루스

트리케라톱스

최강 육식 공룡과 최대 각룡의 자존심을 건 대결!

제 4 장

백악기 후기

최강 공룡 배틀 백악기(후기) 대결

카르카로돈토사우루스 VS 스피노사우루스

육지의 왕자 카르카로돈토사우루스와 물가의 왕자 스피노사우루스. 같은 시대, 같은 장소에 살았던 커다란 육식 공룡 2마리가 격돌한다!

날카로운 상어 이빨
카르카로돈토사우루스

- 파워 9
- 공격력 10
- 민첩성 6
- 지능 6
- 방어력 7
- 체격 7

거대한 육식 공룡
스피노사우루스

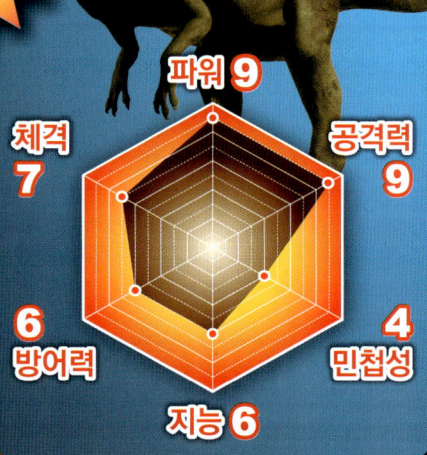

- 파워 9
- 공격력 9
- 민첩성 4
- 지능 6
- 방어력 6
- 체격 7

배틀 WINNER 예상 결과!

다른 공룡을 공격해 먹잇감을 얻었던 카르카로돈토사우루스와 물고기를 먹었던 스피노사우루스. 공룡을 쓰러뜨리기에는 카르카로돈토사우루스가 한 수 위일 수도 있다.

스피노사우루스

진정한 승자는 누구인가?
백악기 시대 아프리카의

제 4 장

백악기 후기

카르카로돈토사우루스

167

최강 공룡 배틀 백악기(후기) 대결

벨로키랍토르 VS 프로토케라톱스

스피드가 넘치는 작은 공룡들의 대결이 시작된다! 두 공룡이 실제로 싸우는 상태의 화석도 발견되었다. 과연 누가 이길지 기대된다!

제4장

백악기 후기

기민하고 위험한 킬러
벨로키랍토르

- 파워 5
- 체격 3
- 공격력 6
- 방어력 5
- 민첩성 10
- 지능 10

뿔 없는 각룡
프로토케라톱스

- 파워 4
- 체격 3
- 공격력 4
- 방어력 6
- 민첩성 6
- 지능 5

배틀 WINNER 예상 결과!

벨로키랍토르는 매서운 갈고리발톱이 있고 프로토케라톱스는 체격이 우람하고 물어뜯는 힘이 강력하다. 프로토케라톱스에게 잡히지만 않는다면 벨로키랍토르의 승리가 되겠지만 순식간에 역전될 수도 있다.

벨로키랍토르

날쌔고 영리한 킬러가
하늘에서 공격하다!

프로토케라톱스

제 4 장

백악기 후기

최강 공룡 배틀 백악기(후기) 대결

엘라스모사우루스
VS
모사사우루스

백악기 최대의 해양 파충류 엘라스모사우루스와 모사사우루스의 대결이다. 바다의 왕 자리를 건 배틀이 시작된다!

믿을 수 없이 긴 목
엘라스모사우루스

바다의 폭군
모사사우루스

엘라스모사우루스
- 파워 6
- 체격 7
- 공격력 7
- 방어력 5
- 민첩성 4
- 지능 5

모사사우루스
- 파워 8
- 체격 7
- 공격력 8
- 방어력 5
- 민첩성 6
- 지능 4

배틀 WINNER 예상 결과!

엘라스모사우루스의 긴 목은 물고기를 잡는 데는 편리하지만, 커다란 동물과의 싸움에는 어울리지 않는다. 흉폭한 모사사우루스에게 엘라스모사우루스도 먹잇감 중 하나였을지도 모른다.

엘라스모사우루스

백악기 두 괴물의 수중 대결!
백악기 바다를 지배한

제 4 장

백악기 후기

모사사우루스

171

가장 센 공룡은?
백악기(후기)
최강 공룡왕 랭킹

티라노사우루스는 인기, 배틀 실력 모두 공룡계 최고이다. 카르카로돈토사우루스도 강하지만 티라노사우루스에게는 어떤 공격도 통하지 않는다. 3위인 트리케라톱스도 힘에서는 뒤지지 않는다.

1. 티라노사우루스

2. 카르카로돈토사우루스

3. 트리케라톱스

공룡 지식 파일

세계 여러 나라에서 공룡들의 화석이 발견되고 있다. 각 대륙마다 어떤 공룡들이 발견되었는지 살펴보자. 마지막에는 공룡 용어 사전과 이 책에 나오는 공룡들을 이름 순서대로 정리한 색인을 볼 수 있다.

공룡에 대해 알아보자!

- 공룡 화석 발견 지도 ·········· 174~179페이지
- 공룡 용어 사전 ·········· 180~181페이지
- 공룡 색인 ·········· 182~184페이지

아프리카

카르카로돈토사우루스, 스피노사우루스 등 북아메리카와는 다르게 진화한 대형 공룡이 발견되었다.

공룡 지식 파일

모로코
카르카로돈토사우루스

니제르
오우라노사우루스
니제르사우루스

이집트
스피노사우루스

탄자니아
케라토사우루스
켄트로사우루스
브라키오사우루스

마다가스카르
마시아카사우루스

남아프리카공화국
안테토니트루스
헤테로돈토사우루스

공룡 화석 발견 지도

174

유럽

벨기에에서 발견된 이구아노돈 화석은 인간이 처음으로 발견한 공룡이다. 그래서 처음으로 공룡 연구가 시작된 지역이기도 하다.

공룡 지식 파일

영국
스켈리도사우루스
테코돈토사우루스
바리오닉스
폴라칸투스

폴란드
실레사우루스

독일
플라테오사우루스

프랑스
암펠로사우루스

스페인, 벨기에
이구아노돈

공룡 화석 발견 지도

아시아

땅이 넓은 중국은 세계에서도 유명한 화석 보물 창고이다.
몽골과 일본에서도 다양한 공룡이 발견되어 연구가 한창이다.

공룡 지식 파일

공룡 화석 발견 지도

중국 1
인롱
우에르호사우루스
오비랍토르
슈노사우루스
후양고사우루스
마멘키사우루스

러시아
올로로티탄
니폰노사우루스

몽골
갈리미무스
고요케팔레
사이카니아
사우롤로푸스
탈라루루스
테리지노사우루스
프로토케라톱스

일본
후쿠이사우루스
후쿠이랍토르

중국 2
인시시보사우루스
카우딥테릭스
시노사우롭테릭스
딜로포사우루스
딜롱
미크로랍토르

타이
프시타코사우루스

오세아니아

많은 화석이 발견된 지역은 아니지만 다른 지역에서 볼 수 없는 보기 드문 공룡이 발견되었다.

오스트레일리아 1
무타부라사우루스

오스트레일리아 2
레아엘리나사우라

오스트레일리아 3
민미

남극
크리올로포사우루스

공룡 지식 파일

공룡 화석 발견 지도

북아메리카

19세기 말부터 20세기에 걸쳐 공룡 연구의 중심지가 되었다.
아주 많은 화석이 발견되었다.

공룡 지식 파일

공룡 화석 발견 지도

캐나다
- 안킬로사우루스
- 스티라코사우루스
- 스테고케라스
- 티라노사우루스
- 트리케라톱스
- 파키케팔로사우루스
- 파키리노사우루스

미국 1
- 아파토사우루스
- 에이니오사우루스
- 오르니톨레스테스
- 사우로펠타
- 스테고사우루스
- 데이노니쿠스
- 테논토사우루스
- 마이아사우라

멕시코
- 파라사우롤로푸스
- 펜타케라톱스
- 람베오사우루스

미국 2
- 알로사우루스
- 에드몬토사우루스
- 카마라사우루스
- 코엘로피시스
- 스쿠텔로사우루스
- 주니케라톱스
- 헤스페로사우루스
- 유타랍토르

남아메리카

최근 들어 공룡 화석 조사가 꾸준히 진행되고 있는 지역이다.
특히 연구가 한창인 아르헨티나에서는 신종 공룡이 연달아 발견되고 있다.

아르헨티나

아구스티니아
아마르가사우루스
아르젠티노사우루스
에오랍토르
카르노타우루스
브라키트라켈로판
보니타사우라

공룡 지식 파일

공룡 화석 발견 지도

공룡 용어 사전

공룡에 대해 공부하다 보면 생소한 공룡 용어들이 많이 나온다.
여기서는 이런 용어들을 간단하게 소개한다.

🔵 각룡류
후두류와 같이 '주식두류'라는 그룹에 속한다. 머리에는 뿔이 났으며 머리 뒤에 프릴이 달린 공룡이 많다. 하지만 프로토케라톱스처럼 뿔이 없는 각룡도 있다.

🔵 갑옷 공룡
'장순아목'에 속하는 검룡류, 곡룡류를 통틀어 갑옷 공룡이라고 부른다. 온몸이 뼈로 된 골판, 골편, 골침으로 튼튼하게 무장되어 있다. 꼬리에 뼈 뭉치 같은 무기를 가진 공룡도 있다.

🔵 검룡류
등에 커다란 골판이 있는 공룡 계통이다. 꼬리에 날카로운 골침이 난 공룡도 있다. 곡룡류와 같이 '장순아목'이라는 그룹에 들어간다.

🔵 깃털
새의 몸에 난 털을 말하며, 체온을 유지하는 역할을 한다. 깃털이 난 흔적이 있는 공룡 화석이 몇 개 발견된 덕분에 최근에는 많은 공룡의 몸에 깃털이 났다는 추측을 하게 되었다.

🔵 뇌룡
'용각류'라는 그룹에 속하는 공룡의 다른 이름이다. 몸이 두껍고 긴 목과 꼬리를 지닌 공룡이 많은데, 그중에는 몸이 날씬하거나 짧은 목을 지닌 공룡도 있다.

🔵 양서류
개구리, 도롱뇽, 영원(도롱뇽과 비슷한 작은 도마뱀으로 다양한 색과 날씬한 몸이 특징) 등이 이 그룹에 속한다. 양서류는 물과 땅을 오가며 산다. 새끼 때는 물속에 살며 아가미로 숨을 쉬지만 다 자라면 땅 위로 올라와 허파와 피부로 숨을 쉰다. 몸이 마르면 살 수 없기 때문에 가까운 곳에 물이 꼭 있어야 한다. 공룡이 번성하기 전부터 있었던 생물이다.

🔵 조룡
'조각류'라는 그룹에 속하는 공룡의 다른 이름이다. '새 조(鳥)'라는 한자가 쓰이지만, 지금 시대의 새와는 직접적인 관계가 없다.

180

🔵 진화
한 생물이 세대가 바뀌는 동안 몸의 형태나 습성이 점점 변하는 것을 말한다. 아주 작은 변화가 생기는 데도 몇 만 년이나 걸린다고 한다.

🔵 파충류
도마뱀, 뱀, 거북, 악어 등이 이 그룹에 속한다. 건조한 환경에 잘 적응할 수 있으며, 껍데기가 있는 알을 낳는 것이 특징이다. 공룡도 같은 조상에서 진화했다고 추측된다.

🔵 포유류
어미가 젖을 물려 새끼를 키우는 동물이다. 자신의 체온을 어느 정도 유지할 수 있으며 주변의 온도 변화에 강하다. 그 대신 파충류나 양서류에 비해 필요한 에너지, 즉 먹이가 많이 필요하다.

🔵 학명
학자가 지은 생물의 정식 이름을 말한다. 모든 공룡은 학명으로 불린다.

🔵 해양 파충류
바다에서 사는 파충류를 말한다. 물속에서 생활하기에 알맞게 진화됐으며, 아가미가 없기 때문에 정기적으로 위로 올라와 호흡을 해야 한다.

🔵 화석
뼈나 이빨, 조개껍데기 등 생물의 몸 중 단단한 부분이 오랜 시간을 거쳐 돌로 변한 것이다. 부드러운 피부나 깃털은 화석이 되기 전에 사라지는 일이 많지만, 주변의 흙이나 돌에 형태가 남아서 피부와 깃털 모습을 알 수 있는 화석이 발견되는 일도 있다.

🔵 후두류
머리뼈가 두꺼워서 헬멧처럼 되어 있는 공룡 계통이다. 각룡류와 같이 '주식두류'라는 그룹에 들어간다.

공룡 색인

이 책에 등장하는 공룡들을 이름 순서대로 정리했다.
해당 페이지를 찾아가면 공룡의 특징과 모습을 확인할 수 있다.

ㄱ

가르고일레오사우루스 ---- 67
갈리미무스 ---- 125
게로토락스 ---- 43
고요케팔레 ---- 147
구안롱 ---- 56

ㄴ

나수토케라톱스 티투시 ---- 10
니아사사우루스 패링토니 ---- 11
니제르사우루스 ---- 133
니폰노사우루스 ---- 142

ㄷ

데이노니쿠스 ---- 19, 96, 114
데이노케이루스 미리피쿠스 ---- 9
디플로도쿠스 ---- 62, 82
딜로포사우루스 ---- 50
딜롱 ---- 89

ㄹ

람베오사우루스 ---- 146
람포린쿠스 ---- 75

리리엔스터누스 ---- 23
리오플레우로돈 ---- 76

ㅁ

마멘키사우루스 ---- 63
마시아카사우루스 ---- 130
마이아사우라 ---- 143
모노니쿠스 ---- 131
모사사우루스 ---- 162, 170
미크로랍토르 ---- 93
민미 ---- 104

ㅂ

바리오닉스 ---- 90, 116
벨로키랍토르 ---- 122, 168
보니타사우라 ---- 135
브라키오사우루스 ---- 21, 60, 82, 84

ㅅ

사우로펠타 ---- 102, 112
사우로포세이돈 ---- 100, 116
사우롤로푸스 ---- 141
사이카니아 ---- 137

쇼니사우루스 ---- 40
슈노사우루스 ---- 57
시노사우롭테릭스 ---- 88
시노케라톱스 ---- 10
시아츠 미커로럼 ---- 8
실레사우루스 ---- 39
스켈리도사우루스 ---- 65
스쿠텔로사우루스 ---- 64
스테고사우루스 ---- 20, 24, 70, 78
스테고케라스 ---- 149
스토마토수쿠스 ---- 163
스티기몰로크 ---- 148
스티라코사우루스 ---- 155
스피노사우루스 ---- 18, 120, 166

ㅇ

아르젠티노사우루스 ---- 132
아르케옵테릭스 ---- 77
아마르가사우루스 ---- 99
아파토사우루스 ---- 58, 80
안킬로사우루스 ---- 136
안테토니트루스 ---- 35, 46
알로사우루스 ---- 52, 78, 84
암펠로사우루스 ---- 134
에드몬토사우루스 ---- 139
에오랍토르 ---- 36

에오시노프테릭스 ---- 13
에이니오사우루스 ---- 154
엘라스모사우루스 ---- 161, 170
오르니톨레스테스 ---- 51
오비랍토르 ---- 124
오우라노사우루스 ---- 106
올로로티탄 ---- 140
유타랍토르 ---- 98
유티라누스 후알리 ---- 11
이구아노돈 ---- 103, 114
인롱 ---- 74
인시시보사우루스 ---- 86

 ㅈ

주니케라톱스 ---- 151
지엔찬고사우루스 ---- 9

ㅋ

카르노타우루스 ---- 94, 112, 116
카르카로돈토사우루스 -- 118, 166, 172
카우딥테릭스 ---- 87
케라토사우루스 -- 25, 54, 80, 84
케찰코아틀루스 ---- 160
켄트로사우루스 ---- 68
코엘로피시스 ---- 34, 44, 46
콘카베나토르 코르코바투스 ---- 13

공룡 저석 파일

공룡 색인

183

크로노사우루스 ---- 111
크리욜로포사우루스 ---- 48

ㅌ

타페자라 ---- 109
탈라루루스 ---- 138
테논토사우루스 ---- 107
테리지노사우루스 ---- 128
테코돈토사우루스 ---- 37
트로오돈 ---- 129
트리케라톱스 -- 26, 152, 164, 172
티라노사우루스 -- 27, 126, 164, 172

ㅍ

파라사우롤로푸스 ---- 144
파키리노사우루스 ---- 156
파키케팔로사우루스 ---- 145
펜타케라톱스 ---- 158
폴라칸투스 ---- 101
프로가노켈리스 ---- 41
프로토케라톱스 ---- 157, 168
프시타코사우루스 ---- 108
프테라노돈 ---- 159
프테로다우스트로 ---- 110

플라테오사우루스 -- 22, 38, 44, 46

ㅎ

헤노두스 ---- 42
헤스페로사우루스 ---- 72
헤테로돈토사우루스 ---- 73
호말로케팔레 ---- 150
후아시오사우루스 ---- 12
후양고사우루스 ---- 66
후쿠이랍토르 ---- 92
후쿠이사우루스 ---- 105